中南财经政法大学出版基金资助出版

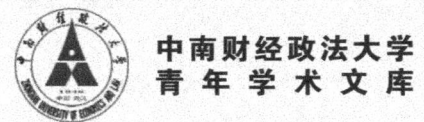

中南财经政法大学
青年学术文库

中国制度背景下的企业首发上市行为研究

晏 超◎著

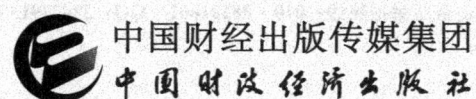

中国财经出版传媒集团
中国财政经济出版社

图书在版编目（CIP）数据

中国制度背景下的企业首发上市行为研究／晏超著
．－－北京：中国财政经济出版社，2023.9
　ISBN 978－7－5223－2052－6

Ⅰ．①中…　Ⅱ．①晏…　Ⅲ．①上市公司－研究－中国
Ⅳ．①F279.246

中国国家版本馆 CIP 数据核字（2023）第 040399 号

责任编辑：温彦君　　　　　　　责任校对：徐艳丽
封面设计：智点创意　　　　　　责任印制：党　辉

中国制度背景下的企业首发上市行为研究
ZHONGGUO ZHIDU BEIJINGXIA DE QIYE SHOUFA SHANGSHI XINGWEI YANJIU

中国财政经济出版社 出版

URL：http：//www.cfeph.cn
E－mail：cfeph@cfeph.cn
（版权所有　翻印必究）
社址：北京市海淀区阜成路甲 28 号　邮政编码：100142
营销中心电话：010－88191522
天猫网店：中国财政经济出版社旗舰店
网址：https：//zgczjjcbs.tmall.com
北京财经印刷厂印刷　各地新华书店经销
成品尺寸：170mm×240mm　16 开　13.75 印张　171 000 字
2023 年 9 月第 1 版　2023 年 9 月北京第 1 次印刷
定价：62.00 元
ISBN 978－7－5223－2052－6
（图书出现印装问题，本社负责调换，电话：010－88190548）
本社质量投诉电话：010－88190744
打击盗版举报热线：010－88191661　QQ：2242791300

序言

我于 2017 年 6 月博士毕业,博士毕业后在科研道路上面临的最大挑战就是选择研究方向的问题。我读博士期间主要从事会计准则变革影响效应方面的研究,这是财务会计领域发展较为成熟的一个研究分支,虽然我也取得了一系列研究成果,但这一领域后续创新和学术发表的难度比较大,预期只有等到会计准则的再次更新才能有比较好的研究机会,所以我需要寻找新的研究方向。

一次偶然的机会,我浏览到一则与资本市场有关的新闻资讯,报道了两位原证监会发审委委员因受贿而获刑的消息。特别引起我注意的是,该报道同时还披露了涉案的 70 家拟于创业板上市的公司,这极大地引起了我的好奇心:这些公司为什么在上市过程中行贿?它们如何从中获益,后续行为是否会与其他公司不同?这是否会损害投资者的利益?带着这些疑问,我花了很长时间细致地整理和匹配有关数据,然后一边阅读企业首发上市(IPO)这一领域的文献,一边尝试识别出关键因素进行实证研究设计,获得了一些研究发现。后来,经过与合作者的反复讨论与修改,基本上弄清了前述疑问,特别是其背后的经济逻辑,最终研究成果非常顺利地发表于国际知名财务学期刊《公司财务杂志》(*Journal of Corporate Finance*)。

这次关于 IPO 的研究经历,不仅让我在科研道路上收获了信心,同时也为我打开了一扇门。这扇门通向的不仅是 IPO 这一研究领域本身,更是促使我完成一次研究风格的转变。我博士期间所做的研究虽然基于会计准则，但具体做实证研究时更多是基于文献，在X（解释变量）和Y（被解释变量）中寻找文献中未研究过的因素进行回归分析，虽然也能得到一些结论并有一定增量贡献，但总觉得有些浮于表面，对中国具体会计准则实践的分析深度不够。而在做完前述关于IPO腐败的研究后，我的研究选题开始主要来源于媒体关注报道的具体实践，深入探索中国制度背景下的企业行为。比如，在IPO领域，又相继完成了有关上市前突击分红、媒体关联企业上市、贫困地区企业上市等研究。这些研究针对的均是中国制度背景下社会公众关注的焦点问题，能够引起人们的兴趣，也能够比较好地解释新股发行定价及业绩表现，所以后续发表过程也大多相对比较顺利。我想我的这一研究经历，或许会对所处类似阶段、面临同样问题的学界同仁有所启发。这也促使我完成本书的撰写，使大家能够更详细地了解我所从事的研究工作以及研究风格的改变。当然，本书对于对IPO领域有兴趣的学者和业界人士等也具有一定的参考价值。

具体来讲，本书总结了近年来我在IPO领域的研究成果，在梳理中国企业首发上市相关制度背景的基础上，基于反腐运动、社会关系、脱贫攻坚等极具中国特色的研究场景，以IPO企业新股定价及业绩表现为切入点，重点研究以下几类企业首发上市行为：一是企业首发上市行贿行为，利用上市企业贿赂IPO监管人员的独特数据，研究企业行贿的动机，特别是该行为对IPO发行定价的影响以及该类企业上市后的业绩表现；二是企业上市前突击分红行为，基于手工收集的企业IPO上市前的股利发放数据，解释中国公司上市前分红之谜，并探究上市前分红对IPO定价及上市后业绩的影响；三是媒体关联企业上市行为，通过手工收集中国企业高管和媒体高管的社会关系数据，构建企业和媒体关联变量，研究媒体关联对首发企业行为的影响，并重点探讨对IPO定价及其业绩表现的影响；四是贫困地区企业的上市行为，聚焦中国贫困地区的上市

序 言

公司，研究中国贫困地区企业上市行为及其业绩表现。本书基于新视角、新问题和新数据探索研究中国企业首发上市行为，丰富了 IPO 领域的研究，有助于深入了解根植于中国制度背景下的企业上市行为，对企业上市及其监管具有重要的现实意义，对投资者进行合理投资也具有借鉴意义。

本书的形成极大地受益于我的学术研究合作者，他们既是我的同事、学生，也是一直陪伴在我身边的好朋友，感谢陈锦全（Johnny Chan）教授、黄勇副教授、王志副教授、王佳鑫同学、李载同学、程若楠同学等在相关研究中提供的帮助。其中，王佳鑫同学和李载同学是我指导的硕士研究生，他们总是能够出色地完成相关科研任务，祝他们将来能够在学术道路上走得更远一些。中南财经政法大学会计学院的领导对我的科研工作给予了很大的支持，会计学院同事以及学界诸多同仁在不同场合对我的研究提出许多宝贵的建议，非常感谢他们的帮助。本书能够出版还要感谢中国财政经济出版社樊清玉编审的帮助，出版社编辑温彦君老师的辛勤付出以及在本书出版过程中张子怡同学、胡清清同学和王佳美同学的辅助校对工作。我还要感谢我的博士导师张先治教授和博士后导师靳庆鲁教授，感谢他们在学术道路上给予我的指导和启迪，他们的治学态度和善意永远激励着我前行。特别感谢我的妻子冯艺女士对我工作的理解和支持，谨以此书献给我们即将出生的宝宝。

由于能力所限，本书难免存在一些谬误，恳请各位同仁批评指正！

晏 超

于湖北武汉

2023 年 5 月

目录 Contents

第一章　绪论 …………………………………………………………… 1

第二章　中国企业首发上市制度背景 …………………………………… 6

 第一节　首发上市企业基本统计 …………………………………… 6
 第二节　企业首发上市流程 ………………………………………… 11
 第三节　企业首发上市监管制度 …………………………………… 19

第三章　上市行贿 IPO 企业新股定价及业绩表现 …………………… 32

 第一节　制度背景 …………………………………………………… 33
 第二节　理论分析与研究假设 ……………………………………… 38
 第三节　研究设计 …………………………………………………… 40
 第四节　实证结果分析 ……………………………………………… 44
 第五节　进一步分析 ………………………………………………… 58
 第六节　稳健性检验 ………………………………………………… 66
 第七节　本章小结 …………………………………………………… 72

第四章　突击分红 IPO 企业新股定价及业绩表现 …………………… 74

 第一节　理论分析与研究假设 ……………………………………… 76
 第二节　研究设计 …………………………………………………… 78

1

第三节 实证结果分析 ·············· 81
第四节 进一步分析 ·············· 88
第五节 稳健性检验 ·············· 95
第六节 本章小结 ·············· 102

第五章 媒体关联 IPO 企业新股定价及业绩表现 ·············· 106

第一节 理论分析与研究假设 ·············· 108
第二节 研究设计 ·············· 111
第三节 实证结果分析 ·············· 117
第四节 进一步分析 ·············· 136
第五节 稳健性检验 ·············· 142
第六节 本章小结 ·············· 147

第六章 贫困地区 IPO 企业新股定价及业绩表现 ·············· 150

第一节 制度背景 ·············· 152
第二节 理论分析与研究假设 ·············· 153
第三节 研究设计 ·············· 155
第四节 实证结果分析 ·············· 160
第五节 机制检验 ·············· 167
第六节 进一步分析 ·············· 170
第七节 稳健性检验 ·············· 177
第八节 本章小结 ·············· 186

第七章 研究结论与展望 ·············· 188

参考文献 ·············· 191

第一章 绪论

首次公开发行股票（Initial Public Offerings，IPO）是企业上市的最主要方式，企业首发上市在资本筹集和经济发展中发挥着至关重要的作用。① 一方面，IPO 对于企业而言，有助其实现经营扩张和资本结构的调整，同时，通过参与资本市场改进公司治理水平，提高内部资本配置效率（Ritter and Welch，2002）；另一方面，IPO 可以使资本市场投资者参与分享企业经营成果，促进资本市场的价值发现和资本有效配置，同时，还有助于提供更多就业岗位，改善地方经济发展（Butler et al.，2019）。

与发达国家相比，中国资本市场起步较晚。自 1990 年第一批企业成功上市以来，三十多年间中国上市公司飞速发展，有力地促进了中国经济增长。② 图 1-1 显示了中国、美国和日本三个国家上市公司数量与国内生产总值（GDP）自 1980 年以来的趋势。可以发现，中国上市公司的数量与 GDP 几乎呈现同步的发展趋势，特别是进入 21 世纪以来，发展速度明显提升。美国资本市场在经历了长期发展后，上市公司数量在 1996 年达到峰值，此后则呈现明显的下降趋势，这主要是私募等其他融资方式的增加所致。日本上市公司数量与 GDP 则呈现相对平稳的趋势。

---

① 本书对于"IPO"和"企业首发上市"的表述不做区分，根据写作需要选择使用。
② 上海证券交易所于 1990 年 12 月 19 日开始营业，首批上市公司包括上海飞乐音响股份有限公司等八家。

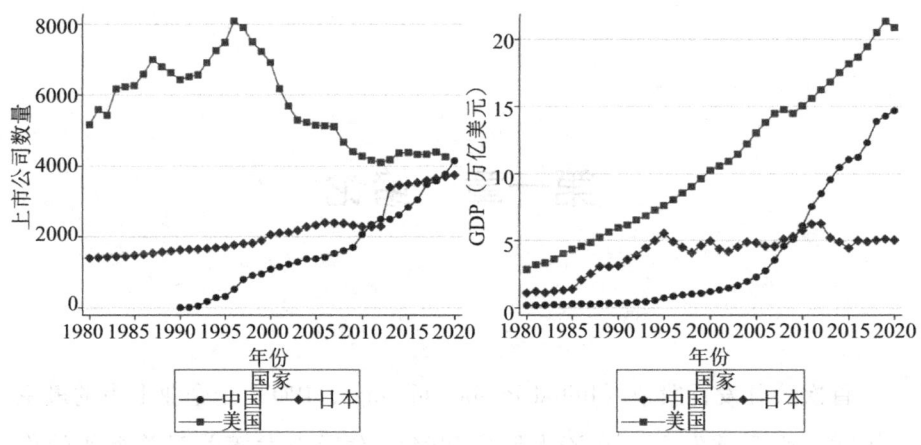

图 1−1　中国、美国和日本三国上市公司数量与 GDP 趋势

注：数据来源于世界银行公开数据（data.worldbank.org.cn），GDP 核算标准为现价美元。

作为公司财务的传统领域，企业 IPO 一直以来都是会计与财务学者关注的焦点。相关研究集中在 IPO 的影响因素、经济后果以及 IPO 过程中的企业行为。一系列的研究从理论和实证方面检验了企业上市行为的影响因素（Lerner，1994；Pagano et al.，1998；Lowry，2003；Chemmanur et al.，2010；Gao et al.，2013；屈源育等，2018；Ewens and Farre-Mensa，2020）。在经济后果方面，已有研究发现 IPO 既可能对已有上市公司股票价格造成负面影响（Braun and Larrain，2009；Li et al.，2018；Shi et al.，2018），也可能为拟 IPO 企业提供增量信息（Lowry and Schwert，2002；Benveniste et al.，2003；张峥等，2013；汤晓燕和黄亮华，2021；Aghamolla and Thakor，2022）；同时，IPO 作为连接资本市场和实体经济的纽带，对推动行业和劳动力市场发展（Kenney et al.，2012；Butler et al.，2019）、地区创业活动和经济增长（张光利等，2022；Butler et al.，2019）等均产生了重要影响。现有关于首发企业上市行为的文献研究了拟 IPO 企业的盈余管理行为（Aharony et al.，2000；Kao et al.，2009；潘越等，2010；蔡春等，2013）、创新行为（张劲帆等，2017；龙小宁和张靖，2021）以及纳税行为（魏志华等，2018；Bonacchi et al.，2019；李青元和陈世来，2021）等。

特别地，IPO定价作为企业首发上市过程中的关键活动，一直是公司财务领域的经典话题，也是本书研究企业首发上市行为的重要切入点。其中，最受关注的是IPO抑价问题。在理论上，学者们对IPO抑价提出了多种解释。首先是信息不对称理论，该理论认为发行人、承销商和投资者中的一方比另一方拥有更多信息，或者一类投资者比另一类投资者拥有更多信息，由此使新股在均衡状态下需要抑价发行。进一步地，信息不对称理论可以细分为：基于投资者之间信息不对称的"赢者诅咒"理论（Beatty and Ritter，1986；Rock，1986）；基于发行人与投资者之间信息不对称的信号传递理论（Booth and Smith，1986；Titman and Trueman，1986）；基于承销商与投资者之间信息不对称的信息显示理论（Benveniste and Spindt，1989）；基于发行人与承销商之间信息不对称的代理理论（Baron，1982；Loughran and Ritter，2002）。其次是行为金融理论，该理论认为发行人、承销商和投资者都可能不完全理性。其中，发行人和承销商的不完全理性使他们能够接受抑价发行（Kahneman and Tversky，1979；Hanley，1993；Bradley et al.，2001），而投资者的不完全理性将导致新股上市后短期定价过高（Scheinkman and Xiong，2003；Cornelli et al.，2006）。

结合上述理论，学者们开始探索IPO定价的具体影响因素。例如，基于信息不对称理论，学者们研究了审计师（Albring et al.，2007；陈俊和陈汉文，2010）、承销商（Degeorge et al.，2010；邵新建等，2013；郑建明等，2018）、风险投资（Brav and Gompers，1997；张学勇和廖理，2011；杨其静等，2015）和新闻媒体（熊艳等，2014；汪昌云和武佳薇，2015）的信号传递作用；基于行为金融理论，学者们发现投资者情绪（Dorn，2009；Zhu et al.，2015）和投资者博彩偏好（汤伟和徐立恒，

2016；Wang et al.，2018）能够对 IPO 抑价造成影响。近年来，随着中国资本市场不断发展，学者们开始关注中国市场的 IPO 定价问题，其中，宋顺林（2022）对相关文献进行了综述。特别地，与美国等发达国家的资本市场不同，中国资本市场中新股定价的影响因素既包括定价管制（刘煜辉和熊鹏，2005；张峥和欧阳珊，2012；张劲帆等，2020），也包括关系文化等非正式制度（于富生和王成方，2012；孙淑伟等，2015；Chen et al.，2017）。

尽管已有研究关注了中国资本市场，但内容还不够全面，仍有许多极具中国特色的研究场景有待发掘，例如反腐运动、脱贫攻坚等，它们为研究中国企业首发上市行为提供了新视角、新问题和新数据。基于此，如图1-2所示，本书在梳理中国企业首发上市相关制度背景的基础上，以 IPO 企业新股定价及业绩表现为切入点，重点研究以下四类中国制度背景下的企业首发上市行为：一是企业首发上市行贿行为，利用上市企业贿赂 IPO 监管人员的独特数据，研究企业行贿的动机，特别是该行为对 IPO 发行定价的影响以及该类企业上市后的业绩表现；二是企业上市前突击分红行为，基于手工收集的企业 IPO 上市前的股利发放数据，解释中国公司上市前分红之谜，并探究上市前分红对 IPO 定价及上市后业绩的影响；三是媒体关联企业上市行为，通过手工收集中国企业高管和媒体高管的社会关系数据，构建企业和媒体关联变量，研究媒体关联对首发企业行为的影响，并重点探讨对 IPO 定价及其业绩表现的影响；四是贫困地区企业的上市行为，聚焦中国贫困地区的上市公司，研究中国贫困地区企业上市行为及其业绩表现。

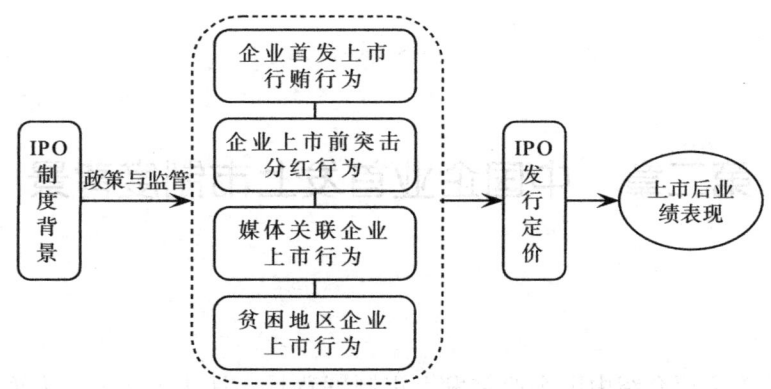

图1-2 本书研究内容框架

第二章 中国企业首发上市制度背景

本章主要介绍中国企业首发上市制度背景，具体包括三个方面的内容：一是对中国首发上市企业的基本统计介绍，包括时间分布、板块分布、行业分布和地域分布等；二是分别介绍审批制、核准制和注册制下企业首发上市的相关流程；三是介绍企业首发上市监管制度，包括有关具体制度规范、上市条件和发行定价制度等。梳理中国企业首发上市制度背景有助于更好地理解企业行为。

第一节 首发上市企业基本统计

中国资本市场在过去三十多年间取得了飞速发展，截至2021年年底，中国A股上市公司的数量已达4682家，这些上市公司已经成为引领中国经济发展的主力军。本节将简要介绍中国首发上市企业在时间、板块、行业和地域等方面的分布状况。

一、时间分布

1990年11月26日和1990年12月1日，上海证券交易所和深圳证券交易所先后成立，标志着中国资本市场正式形成。1990年12月19日是

第二章 中国企业首发上市制度背景

A股历史上首个交易日，至今已有三十余年，在此期间，我国资本市场发展迅速，尤其表现在上市公司数量方面。1990—2021年中国A股首发上市企业数量增量和存量情况如图2－1和图2－2所示。可以看到，首发上市企业在总体上呈现明显的增长趋势。①

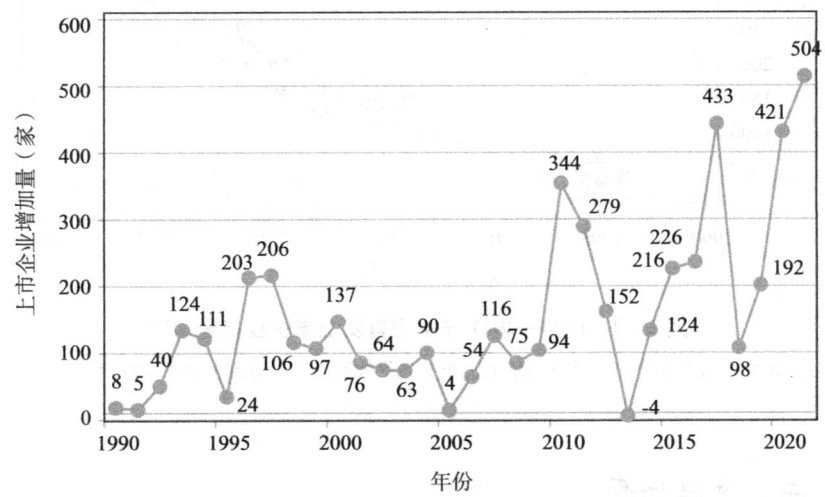

图2－1 1990—2021年中国首发上市企业增量情况②

注：图中上市企业每年增加量＝当年成功上市企业数量－当年退市企业数量

具体来看，在第一个十年，到2000年年底上市公司数量过千；在第二个十年，到2010年年底上市公司数量超过两千；在第三个十年，由于创业板和科创板相继开通，上市公司数量增速有所提升，到2016年年底上市公司数量超过三千，到2020年年底上市公司数量超过四千。我们注意到，有几个年份上市公司数量增长较为缓慢，这主要是因为中国企业首发上市受到政策和行政干预影响较大。自中国A股市场成立以来，资本市场监管层曾多次暂停IPO。从图中来看，1995年、2005年、2013年

---

① 除了首发上市之外，企业还可以通过借壳的方式上市，但由于借壳上市企业数量较少，本书予以忽略。

② 绘图数据来源于CSMAR数据库，如无特别说明，后文同。

7

和 2018 年等年份的企业上市数量明显受到影响。

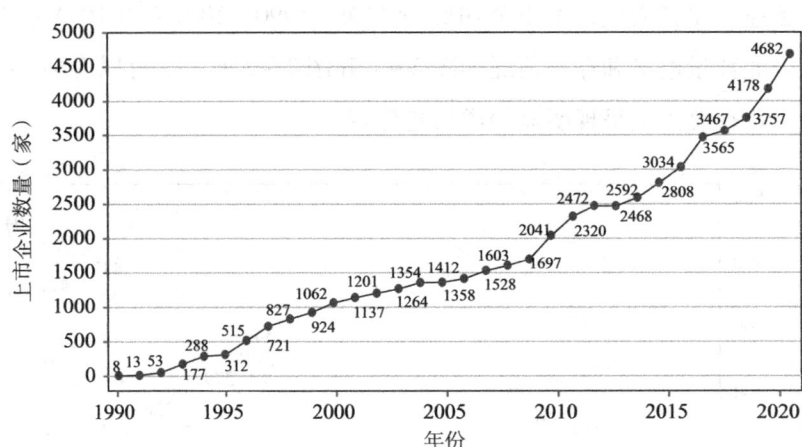

图 2-2 1990—2021 年中国首发上市企业存量情况

注：图中上市企业每年数量＝当年上市企业累积数量－当年退市企业累积数量

二、板块分布

中国资本市场按照上市板块呈多样化发展特征。2009 年 10 月 30 日，为了优化创业创新生态、引领产业转型升级，中国证监会于深圳证券交易所正式启动了创业板。在此之前，我国股票市场只有主板和中小板（深圳证券交易所中小板于 2004 年 5 月创立，2021 年 2 月与主板合并）。随后，为了推进我国资本市场的发展，2019 年 6 月 13 日，采用注册制的科创板于上海证券交易所正式开板。紧接着，为了支持中小企业创新发展，深化新三板改革，2021 年 9 月 3 日北京证券交易所正式成立。与板块启动顺序相同，在主板上市的首发企业数量最多，由于时间有限，在北京证券交易所上市的首发企业数量最少。具体来看，截至 2021 年年底，我国首发上市企业的板块分布情况如图 2-3 所示。与中小板合并后的主板上市公司已达 3133 家，创业板上市公司达 1090 家，科创板上市公司达

377家，北京证券交易所上市公司仅为82家。

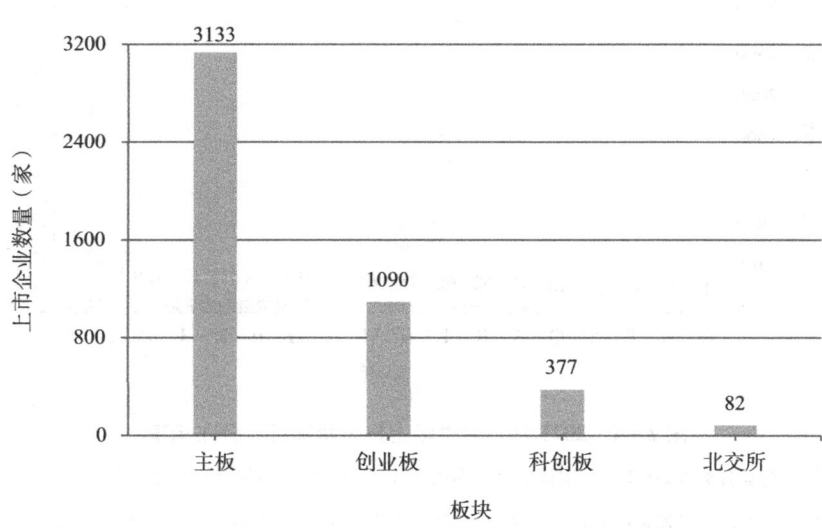

图2-3 2021年年底中国上市公司按板块分布情况

三、行业分布

自1978年12月18日改革开放以来，我国一直在大力推动实体经济的发展，而制造业是实体经济的主体。因此，在国家引导的趋势下，我国股票市场中制造业上市公司数量占比高达60%以上。具体来看，截至2021年年底，中国上市公司按行业分布情况如图2-4所示。其中，制造业上市公司最多，高达3045家；其次为信息传输、软件和信息技术服务业，上市公司达382家，它们在一定程度上体现我国的科技创新水平；然后是批发和零售业，有187家上市公司；电力、热力、燃气及水生产和供应业则有129家上市公司，它们更多体现的是人们生产、生活的日常需求；金融业上市公司有127家，它们主要是银行、券商和保险公司，虽然数量没那么多，但是其市值相对较高，金融业对实体经济的重要促进作用不可忽视。

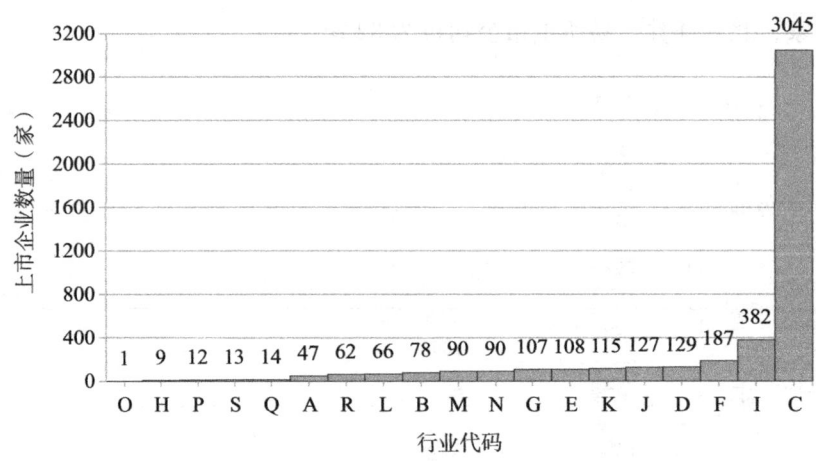

图 2-4　2021 年年底中国上市公司按行业分布情况

注：行业分类以 2012 年中国证监会公布的《上市公司分类与代码》为准。其中，A 代表农、林、牧、渔业；B 代表采矿业；C 代表制造业；D 代表电力、热力、燃气及水生产和供应业；E 代表建筑业；F 代表批发和零售业；G 代表交通运输、仓储和邮政业；H 代表住宿和餐饮业；I 代表信息传输、软件和信息技术服务业；J 代表金融业；K 代表房地产业；L 代表租赁和商务服务业；M 代表科学研究和技术服务业；N 代表水利、环境和公共设施管理业；O 代表居民服务、修理和其他服务业；P 代表教育业；Q 代表卫生和社会工作业；R 代表文化、体育和娱乐业；S 代表综合行业。

四、地域分布

上市通常被认为是企业发展壮大的关键步骤，对带动地方经济发展具有重要作用，所以，中国上市公司的地域分布与各地区经济发展水平高度吻合。资料显示，我国上市公司主要聚集在北京、上海和东南沿海等经济较为发达的省份，西北和西南地区则相对较少。

第二节 企业首发上市流程

中国企业首发上市经历了审批制、核准制和注册制三个阶段,其中,审批制主要时间范围为自我国资本市场设立至2001年3月,核准制主要时间范围为2001年3月至今,注册制则于2019年6月首次在科创板实施并不断扩大范围。

一、审批制下企业首发上市流程

20世纪90年代初,沪、深证券交易所成立,主要通过行政审批保证国有企业有效融资。1993年4月,证监会发布了《股票发行与交易管理暂行条例》,标志着我国证券发行审批制的正式确立。审批制是指首发企业上市须经过审批的证券发行管理制度,是完全计划的发行模式,行政色彩浓厚。例如,首发企业的选择和推荐由地方和主管政府机构根据额度或指标来决定;首发企业发行股票的规模按计划来确定;在股票发行方式和股票发行定价上也有较多的行政干预。

具体细分,审批制包括两个阶段:

一是额度管理阶段(1993年4月—1996年12月)。额度管理是指国务院证券管理部门根据国民经济发展需求和资本市场的实际情况确定IPO总额度,然后根据各个省级行政区域和行业在国民经济发展中的地位和需求来分配IPO额度,最后由省级政府或行业主管部门选择和确定可以发行股票的首发企业。也就是说,在额度管理阶段,政府严格限制了发行额度,不考虑市场供求状况。

二是指标管理阶段（1997年1月—2001年3月）。1996年12月，证监会发布《关于股票发行工作若干规定的通知》，调整了额度管理，确定了"总量控制、限报家数"的指标管理。具体来看，指标管理是指由国务院证券管理部门确定在一定时期内应发行上市的企业数量，然后向省级政府和行业管理部门下达股票发行指标，省级政府或行业管理部门在上述指标内推荐首发企业，证券主管部门对符合条件的首发企业同意其上报申请材料并进行审核。与额度管理阶段相比，指标管理阶段并没有改变两级行政审批的实质，而是在限定发行额度的同时，进一步限制了首发企业数量。

在审批制下，首发企业上市流程如图2-5所示。首先，在国家下达的发行规模内，地方政府对地方首发企业的发行申请进行审批，中央企业主管部门在与首发企业所在地地方政府协商后对中央首发企业的发行申请进行审批。其次，地方政府、中央企业主管部门应当自收到发行申请之日起30个工作日内作出审批决定，并抄报国务院证券委员会（1998年3月撤销，其工作由中国证券监督管理委员会承担）。对于被批准的发行申请，报送中国证券监督管理委员会复审。中国证券监督管理委员会应当自收到复审申请之日起20个工作日内出具复审意见书，并将复审意见书抄报国务院证券委员会。最后，经中国证券监督管理委员会复审同意后，首发企业应当向证券交易所上市委员会提出申请，经上市委员会同意接受上市，方可发行股票。

图2-5　审批制下首发企业上市流程

资料来源：作者根据《股票发行与交易管理暂行条例》和《关于股票发行工作若干规定的通知》整理。

二、核准制下企业首发上市流程

2000年3月16日，证监会发布《中国证监会股票发行核准程序》，标志着我国股票发行审核制度由审批制转变为核准制。2001年3月17日，我国股票发行核准制正式启动。与审批制相比，核准制一方面取消了指标和额度管理，引进证券中介机构，判断首发企业是否达到股票发行条件并推荐；另一方面，证券监管机构对股票发行的合规性和适销性条件进行实质性审查，并有权否决股票发行申请。在核准制下，发行股票不仅要充分公开企业真实情况，而且必须符合有关法律和证券监管机构规定的条件。证券监管机构对申报文件的真实性、准确性、完整性和及时性进行审查，并对首发企业的营业性质、财力、素质、发展前景、发行数量和价格等进行实质性审查，据此作出首发企业是否符合发行条件的价值判断以及是否核准申请的决定。

具体细分，核准制包括两个阶段：

一是通道制（2001年3月—2004年2月）。通道制是指证监会给每家券商下达通道（一个通道代表能同时推荐一家企业），券商将首发企业逐一排队，按序推荐，所推荐企业每核准一家才能再报一家，即"过会一家，递增一家"（后调整为"发行一家，递增一家"）。同时，发审委核准股票发行并非合规注册，通道使用的快慢完全服从于证监会对首发企业申报材料的审核速度。因此，通道制下的排队机制是证监会控制股票发行的一种制度安排，具有很强的计划色彩，并没有从根本上改变行政审批的性质。

二是保荐制（2004年2月至今）。自2004年2月1日起，《证券发行上市保荐制度暂行办法》正式实施，标志着新股发行审核进入保荐制阶段，发行审核制度再次向市场化方向迈进。具体来看，保荐制是指将通道权交给保荐中介，由保荐中介负责首发企业的上市推荐和辅导，核实首发企业发行文件与上市文件中所载资料是否真实、准确、完整，协助首发企业建立严格的信息披露制度，承担风险防范责任，并为首发企业上市后一段时间的信息披露行为向投资者承担担保责任。

在核准制下，不同板块上市的流程存在差异。对此，本书区分上市板块对核准制下的首发企业上市流程进行了梳理。

1. 核准制下，首发企业在主板（含中小板）上市流程（2001年3月至今）

核准制下主板和中小板首发企业的上市流程如图2-6所示。首先，由首发企业提交申请，证监会收到申请文件后，在5个工作日内作出是否受理的决定。其次，证监会受理申请文件后，由相关职能部门对首发企业的申请文件进行初审，并由发行审核委员会审核。在初审过程中，证监会将征求首发企业注册地省级人民政府是否同意首发企业发行股票的意见。最后，证监会依照法定条件对首发企业的发行申请作出予以核准或者不予核准的决定，并出具相关文件。并且，自证监会核准发行之日起，首发企业应在6个月内发行股票；超过6个月未发行的，核准文件失效，须重新经证监会核准后方可发行。股票发行申请未获核准的，自证监会作出不予核准决定之日起6个月后，首发企业可再次提出股票发行申请。

图2-6 核准制下主板和中小板首发企业上市流程

资料来源：作者根据《首次公开发行股票并上市管理办法》整理。

2. 核准制下，首发企业在创业板上市流程（2009年10月—2020年8月）

创业板自2009年10月设立并开始实施核准制。核准制下创业板首发企业的上市流程如图2-7所示。首先，由首发企业提交申请，证监会收到申请文件后，在5个工作日内作出是否受理的决定。其次，证监会受理申请文件后，由相关职能部门对首发企业的申请文件进行初审，并由创业板发行审核委员会审核。最后，证监会依法对首发企业的发行申请作出予以核准或者不予核准的决定，并出具相关文件。并且，首发企业应当自证监会核准之日起6个月内发行股票；超过6个月未发行的，核准文件失效，须重新经证监会核准后方可发行。股票发行申请未获核准的，首发企业可自证监会作出不予核准决定之日起6个月后再次提出股票发行申请。

图2-7 核准制下创业板首发企业上市流程

资料来源：作者根据《首次公开发行股票并在创业板上市管理暂行办法》整理。

3. 核准制下，首发企业在主板（含中小板）和创业板上市流程的区别

虽然首发企业在主板（含中小板）和创业板上市的发行审核制度均是核准制，但它们分别设立了主板发审委和创业板发审委，直至2017年下半年两者才合并。此外，两者在审核标准、发审委委员数量以及招股说明书等方面也存在一定差异。具体差异如表2-1所示。

表 2-1 核准制下首发企业在主板（含中小板）和
创业板上市流程的主要差异

项目	主板（含中小板）	创业板
发审委	主板发审委	创业板发审委
审核部门	证监会发行部	证监会创业板发行监管办公室
审核标准	《首次公开发行股票并上市管理办法》	《首次公开发行股票并在创业板上市管理暂行办法》
发审委委员数量	25 名	35 名
招股说明书	《公开发行证券的公司信息披露内容与格式准则第 1 号——招股说明书》	《公开发行证券的公司信息披露内容与格式准则第 28 号——创业板公司招股说明书》
申报文件	《公开发行证券的公司信息披露内容与格式准则第 9 号——首次公开发行股票并上市申请文件》	《公开发行证券的公司信息披露内容与格式准则第 29 号——首次公开发行股票并在创业板上市申请文件》

三、注册制下企业首发上市流程

2019 年 1 月 23 日，中央全面深化改革委员会审议通过了《在上海证券交易所设立科创板并试点注册制总体实施方案》《关于在上海证券交易所设立科创板并试点注册制的实施意见》，标志着我国证券市场正式开启了对注册制的探索。同年 6 月，科创板正式开板。在注册制下，由证券监管部门公布股票发行的条件，满足条件要求的企业均可发行股票。申请时，首发企业须依法将各种资料完全准确地向证券监管部门申报。也就是说，证券监管部门的职责是对申报文件的真实性、准确性、完整性和及时性做出形式审查，而证券中介机构的职责则是对首发企业的质量进行判断。此外，在注册制下，首发企业依法提出 IPO 申请后，在规定时间内,如果证券监管部门未提出修改或补充意见,或未下令终止发行注册,即视为注册生效。目前采用注册制的板块有科创板、创业板以及北京证券交易所,因此本书区分上市板块对注册制下的首发企业上市流程进行了梳理。

1. 注册制下,首发企业在科创板上市流程(2019年6月至今)

科创板自2019年6月正式开板,7月22日首批公司上市。注册制下科创板首发企业的上市流程如图2-8所示。首先,由首发企业提交申请,上海证券交易所收到首发企业申请文件后5个工作日内作出是否予以受理的决定。若首发企业的申请文件被上海证券交易所受理,企业应当于受理当日在上海证券交易所网站等指定渠道预先披露招股说明书及相关文件。其次,上海证券交易所审核机构自受理之日起20个工作日内发出审核问询。首发企业及保荐人应及时、逐项回复上海证券交易所问询。首轮问询发出前,首发企业及其保荐人、证券服务机构及其相关人员不得与审核人员接触,不得以任何形式干扰审核工作。审核问询可多轮进行,审核机构认为不需要进一步问询的,将出具审核报告提交上市委员会。然后,上市委员会召开会议对上海证券交易所审核机构出具的审核报告及首发企业上市申请文件进行审议,与会委员就审核机构提出的初步审核意见提出审议意见。上市委员会可以要求对首发企业及其保荐人进行现场问询。上市委员会通过合议形成首发企业是否符合发行条件、上市条件和信息披露要求的审议意见。最后,上海证券交易所结合上市委员会审议意见,出具首发企业是否符合发行条件、上市条件和信息披露要求的审核意见。若上海证券交易所审核通过,则会将审核意见、相关审核资料和首发企业的发行上市申请文件报送证监会履行注册程序。在此过程中,证监会认为存在需要进一步说明或者落实事项的,可以要求上海证券交易所进一步问询。同时,证监会需在接受注册申请后20个工作日内对首发企业的注册申请作出同意注册或者不予注册的决定。

图 2-8　注册制下科创板首发企业上市流程

资料来源：作者根据《上海证券交易所科创板股票发行上市审核规则》整理。

2. 注册制下，首发企业在创业板上市流程（2020 年 8 月至今）

创业板经历了由核准制到注册制的转变，创业板注册制于 2020 年 8 月 24 日开始实行。注册制下创业板首发企业的上市流程如图 2-9 所示。首先，由首发企业提交申请，深圳证券交易所对申请文件核对，符合申报条件及要求的，在 5 个工作日内受理。其次，受理后 20 个工作日内，深圳证券交易所通过问询的方式向保荐机构反馈意见，保荐机构组织首发企业和中介机构对审核意见进行回复。深圳证券交易所根据回复情况，可进行多轮问询。如无需进一步问询，深圳证券交易所则出具审核报告。然后，深圳证券交易所发布上市委员会会议通知，组织上市委员会会议，上市委员会审议首发企业是否符合创业板的发行条件、上市条件和信息披露要求。最后，对符合创业板的发行条件、上市条件和信息披露要求的首发企业，深圳证券交易所向证监会提交注册申请，证监会需在接受注册申请后 20 个工作日内反馈注册结果。

图 2-9　注册制下创业板首发企业上市流程

资料来源：作者根据《创业板首次公开发行股票注册管理办法》整理。

3. 注册制下，首发企业在北京证券交易所上市流程（2021 年 9 月至今）

北京证券交易所于 2021 年 9 月成立，并实行注册制。注册制下北交所首发企业的上市流程如图 2-10 所示。首先，由首发企业提交申请，北京证券交易所在收到申请文件后5个工作日内作出是否受理的决定。受理当日，首发企业的招股说明书等预先披露文件将在北京证券交易所网站披露。其次，自受理之日起20个工作日内，北京证券交易所审核机构通过审核系统发出首轮问询。首发企业及其保荐机构、证券服务机构应当及时、逐项回复审核问询事项。审核问询可多轮进行，北京证券交易所审核机构认为不需要进一步问询的，出具审核报告并提请上市委员会审议。然后，上市委员会召开审议会议，对申请文件和审核机构的审核报告进行审议，通过合议形成首发企业是否符合发行条件、上市条件和信息披露要求的审议意见。上市委员会要求对首发企业及其保荐机构进行现场问询的，首发企业代表及保荐机构代表应当到会接受问询，回答参会委员提出的问题。北京证券交易所结合上市委员会审议意见，出具首发企业符合发行条件、上市条件和信息披露要求的审核意见或作出终止发行上市审核的决定。最后，若北京证券交易所审核通过，则向证监会报送首发企业符合发行条件、上市条件和信息披露要求的审核意见、相关审核资料和首发企业的发行上市申请文件。证监会需在接受注册申请后20个工作日内作出同意注册或不予注册的决定。

提交申请 → 北交所受理 → 审核问询 → 上市委审议 → 报送证监会 → 证监会注册 → 发行上市

图2-10 注册制下北京证券交易所首发企业上市流程

资料来源：作者根据《北京证券交易所上市公司证券发行注册管理办法（试行）》整理。

第三节 企业首发上市监管制度

中国企业首发上市受到严格监管，国家及相关监管机构相继发布了一系列重要的法规和制度进行规范。本节在梳理企业首发上市制度规范的基础上，重点介绍与本书研究密切相关的企业首发上市条件和首发企业股票发行定价制度。

一、企业首发上市制度规范

1993年4月22日，为了适应社会主义市场经济发展的需要，建立和发展全国统一、高效的股票市场，保护投资者的合法权益和社会公共利益，进而促进国民经济的发展，国务院发布了《股票发行与交易管理暂行条例》，标志着我国证券发行审批制正式确立。

之后，2000年3月16日，中国证监会发布了《中国证监会股票发行核准程序》，标志着我国股票发行审核制度由审批制转变为核准制，并于2001年3月正式启动实施。直到2006年5月17日，为了进一步规范首次公开发行股票并上市的行为，中国证监会制定并发布了《首次公开发行股票并上市管理办法》。同年5月18日，中国证监会发布了《公开发行证券的公司信息披露内容与格式准则第9号——首次公开发行股票并上市申请文件》《公开发行证券的公司信息披露内容与格式准则第1号——招股说明书》等相关文件，目的在于规范首次公开发行股票并上市申请文件的格式和报送行为。

随着中国资本市场的不断发展，为了促进自主创新企业及其他成长型创业企业的成长，中国证监会于2009年3月31日发布了《首次公开发行股票并在创业板上市管理暂行办法》（2014年修改为《首次公开发行股票并在创业板上市管理办法》）。同年7月20日，证监会又发布了《公开发行证券的公司信息披露内容与格式准则第29号——首次公开发行股票并在创业板上市申请文件》《公开发行证券的公司信息披露内容与格式准则第28号——创业板公司招股说明书》等文件用以规范首次公开发股票并在创业板上市申请文件的格式和报送行为。2009年10月30日，深圳证券交易所正式推出创业板。之后，为了规范资本市场证券发行与承销行为和保护投资者合法权益，中国证监会于2013年10月8日发布了《证券发行与承销管理办法》。

2016年3月1日，国务院对注册制改革的授权正式实施。科创板、创业板和北京证券交易所分别于2019年7月、2020年8月和2021年9月先后开始实行注册制。具体来看，2019年3月1日，中国证监会发布了《科创板首次公开发行股票注册管理办法（试行）》，以规范在上海证券交易所科创板试点注册制首次公开发行股票相关活动。同时，中国证监会发布了《公开发行证券的公司信息披露内容与格式准则第41号——科创板公司招股说明书》《公开发行证券的公司信息披露内容与格式准则第42号——首次公开发行股票并在科创板上市申请文件》等文件用以规范在科创板试点注册制首次公开发行股票申请文件的格式和报送行为。同日，上海证券交易所发布了《上海证券交易所科创板股票发行上市审核规则》等配套文件。

2020年6月1日，为规范在深圳证券交易所创业板试点注册制首次公开发行股票相关活动，促进成长型创新创业企业的发展，中国证监会发布了《创业板首次公开发行股票注册管理办法（试行）》，同年6月10日，中国证监会又发布了修订后的《公开发行证券的公司信息披露内容与格式准则第28号——创业板公司招股说明书》《公开发行证券的公司信息披露内容与格式准则第29号——首次公开发行股票并在创业板上市申请文件》等文件用以规范首次公开发行股票并在创业板上市申请文件的格式和报送行为。随后，深圳证券交易所于2020年12月31日发布了修订后的《深圳证券交易所创业板股票上市规则》等配套文件。

2021年10月30日，中国证监会为了规范北京证券交易所股票上市和持续监管事宜，保护投资者的合法权益，制定并发布了《北京证券交易所上市公司证券发行注册管理办法（试行）》。同时，为了规范北京证券交易所试点注册制向不特定合格投资者公开发行股票的信息披露行为，中国证监会发布了《公开发行证券的公司信息披露内容与格式准则第46号——北京证券交易所公司招股说明书》《公开发行证券的公司信息披露内容与格式准则第47号——向不特定合格投资者公开发行股票并在北京证券交易所上市申请文件》等文件。同日，北京证券交易所发布了《北京证券交易所股票上市规则（试行）》等配套文件。

对上述首发企业上市制度文件的梳理结果显示，中国证券市场发行审核制度可划分为三大阶段：1993年4月推出的审批制阶段、2001年3月至今的核准制阶段和2019年6月正式推出的注册制阶段。审批制、核准制和注册制在上市主体资格、申报文件要求以及上市审核主体等方面的异同如表2-2所示。

二、企业首发上市条件

根据《首次公开发行股票并上市管理办法》《首次公开发行股票并在创业板上市管理办法》《深圳证券交易所创业板股票上市规则》《上海证券交易所科创板股票发行上市审核规则》和《北京证券交易所股票上市规则（试行）》等政策文件的要求，本书对首发企业在不同板块的上市条件进行了梳理，如表2-3所示。

表 2-2　首发企业上市制度

项目	审批制	核准制	注册制
主体资格	1. 发行人必须是具有股票发行资格的股份有限公司； 2. 企业运营与国家产业政策相一致，同股同权，票为一种； 3. 发行人认购股本的部分不少于公司拟发行股本总额的35%，且不少于人民币3000万元； 4. 发行人向社会公众发行股份数额不得超过拟向社会公众发行部分的比例，但最低不少于公司拟发行股本总额的10%； 5. 发行人在近三年内无重大违法行为	1. 发行人应当是依法设立且合法存续的股份有限公司； 2. 发行人自股份有限公司成立后，持续经营时间应当在3年以上； 3. 发行人的注册资本已足额缴纳，发起人或者股东用作出资的资产的财产权转移手续已办理完毕，发行人的主要资产不存在重大权属纠纷； 4. 发行人的生产经营符合法律、行政法规和公司章程的规定，符合国家产业政策； 5. 发行人最近3年主营业务和董事、高级管理人员没有发生重大变化，实际控制人没有发生变更，且发行人的股权清晰； 6. 发行人的内部控制制度健全且被有效执行	1. 发行人是依法设立且持续经营3年以上的股份有限公司，具备健全且运行良好的组织机构； 2. 发行人会计基础工作规范，并由注册会计师出具标准无保留意见的审计报告；发行人内部控制制度健全且被有效执行，并由注册会计师出具无保留结论的内部控制鉴证报告； 3. 发行人业务完整，具有直接面向市场独立持续经营的能力； 4. 发行人生产经营符合法律、行政法规的规定，符合国家产业政策

23

续表

项目	审批制	核准制	注册制
申报文件	1. 申请报告； 2. 发行人会议或者股东大会同意公开发行股票的决议； 3. 批准设立股份有限公司的文件； 4. 工商行政管理部门颁发的股份有限公司营业执照或者股份有限公司筹建登记证明； 5. 公司章程或者公司章程草案； 6. 招股说明书； 7. 资金运用的可行性报告；需要国家提供资金或者其他条件的固定资产投资项目，还应当提供国家有关部门同意固定资产投资立项的批准文件； 8. 经会计师事务所审计的公司近三年或者成立以来的财务报告和两名以上注册会计师及其所在事务所签字、盖章的审计报告； 9. 经两名以上律师及其所在事务所就有关事项签字、盖章的法律意见书。	以下规定的申请文件目录是对发行申请文件的最低要求，根据审核需要，可以要求发行人和中介机构补充材料： 1. 招股说明书与发行公告； 2. 发行人关于本次发行的申请及申请授权文件，如发行人关于本次发行的申请报告等； 3. 保荐人关于本次发行的文件，如保荐书等； 4. 会计师关于本次发行的文件，如财务报表及审计报告等； 5. 发行人律师关于本次发行的文件，如法律意见书等； 6. 发行人关于本次发行的文件，如发行人的设立文件、企业法人营业执照等； 7. 关于本次发行募集资金投资项目的审批、核准或备案文件等；	以下规定的申请文件目录对发行申请文件的最低交易所和交易所可以要求发行人和相关证券服务机构补充文件： 1. 招股文件； 2. 发行人关于本次发行上市的申请及授权文件，如关于本次符合科创板定位要求的专项说明等； 3. 保荐人和相关证券服务机构关于本次发行上市的文件，如发行人保荐书等； 4. 发行人关于本次发行的其他文件，如发行人的设立文件、企业法人营业执照等； 5. 与发行人关于本次发行最近三年又一期的纳税情况及政府补助情况的说明等；

续表

项目		审批制	核准制	注册制
申报文件		10. 经两名以上专业评估人员及其所在机构签字、盖章的资产评估报告，经两名以上注册会计师及其所在事务所签字、盖章的验资报告；涉及国有资产的，还应当提供国有资产管理部门出具的确认文件； 11. 股票发行承销方案和承销协议； 12. 地方政府或者中央企业主管部门要求报送的其他文件	8. 与财务会计资料相关的其他文件，如发行人关于最近三年及一期的纳税情况的说明等； 9. 其他文件，如产权和特许经营权证书等	6. 关于本次发行上市募集资金运用的文件，如发行人关于募集资金运用方向的总体安排及其合理性、必要性的说明等； 7. 其他文件，如产权和特许经营权证书等
推荐和审核主体		地方政府、中央主管部委	承销商、发行审核委员会	承销商、上市委员会
审核方式和内容		二级审核制，形式及实质的全面审查	实质审查，判断信息披露文件是否真实可靠	形式审查，不进行实质判断，仅判断信息披露是否充分
具体模式		额度管理、指标管理	通道制、保荐制	注册制

表 2-3　首发企业上市条件

项目	主板（含中小板）	创业板（核准制）	创业板（注册制）	科创板	北交所
企业类型	发行人应当是依法设立且合法存续的股份有限公司	发行人应当是依法设立的股份有限公司	发行人应当是成长型创新创业企业	发行人应当是拥有关键核心技术，科技创新能力突出，主要依靠核心技术开展生产经营，具有稳定的商业模式，市场认可度高，社会形象良好，具有较强成长性的企业，且符合国家战略	发行人应当是在全国股转系统连续挂牌满 12 个月的创新层挂牌公司
经营年限	持续经营 3 年以上	持续经营 3 年以上	持续经营 3 年以上	持续经营 3 年以上	
股本要求	发行前股本总额不少于人民币 3000 万元，发行后公司股本总额不少于人民币 5000 万元	发行后股本总额不少于人民币 3000 万元	发行后股本总额不低于人民币 3000 万元；红筹企业发行股票的，调整为发行后的股份总数不低于 3000 万股，红筹企业发行存托凭证的，调整为发行后存托凭证总份数不低于 3000 万份	发行后股本总额不低于人民币 3000 万元；红筹企业发行股票的，调整为发行后的股份总数不低于 3000 万股，红筹企业发行存托凭证的，调整为发行后存托凭证总份数不低于 3000 万份	向不特定合格投资者公开发行的股份不少于 100 万股，发行对象不少于 100 人

续表

项目	主板（含中小板）	创业板（核准制）	创业板（注册制）	科创板	北交所
市值及财务指标	1. 最近三个会计年度净利润均为正数且累计数目不低于人民币3000万元，净利润以扣除非经常性损益前后较低者为计算依据； 2. 最近三个会计年度经营活动产生的现金流量净额累计超过人民币5000万元，或者最近三个会计年度营业收入累计超过人民币3亿元； 3. 发行前股本总额不少于人民币3000万元； 4. 最近一期末无形资产占净资产的比例不高于20%；	1. 最近两年连续盈利，最近两年净利润累计不少于人民币1000万元；或者最近一年盈利，最近一年营业收入不少于人民币5000万元。净利润以扣除非经常性损益前后孰低者为计算依据； 2. 最近一期末净资产不少于人民币2000万元，且不存在未弥补亏损。	至少符合其中一项标准： 1. 最近两年净利润均为正，且累计净利润不低于人民币5000万元； 2. 预计市值不低于人民币10亿元，最近一年净利润为正且营业收入不低于人民币1亿元； 3. 预计市值不低于人民币50亿元，且最近一年营业收入不低于人民币3亿元	至少符合其中一项标准： 1. 预计市值不低于人民币10亿元，最近两年净利润均为正且累计净利润不低于人民币5000万元，或者预计市值不低于人民币10亿元，最近一年净利润为正且营业收入不低于人民币1亿元； 2. 预计市值不低于人民币15亿元，最近一年营业收入不低于人民币2亿元，且最近三年累计研发投入占最近三年累计营业收入的比例不低于15%； 3. 预计市值不低于人民币20亿元，最近一年营业收入不低于人民币3亿元，且最近	至少符合其中一项标准： 1. 预计市值不低于人民币2亿元，最近两年净利润均不低于人民币1500万元且加权平均净资产收益率平均不低于8%，或者最近一年净利润不低于人民币2500万元且加权平均净资产收益率不低于8%； 2. 预计市值不低于人民币4亿元，最近两年营业收入平均不低于人民币1亿元，且最近一年营业收入增长率不低于30%，最近一年经营活动产生的现金流量净额为正；

续表

项目	主板（含中小板）	创业板（核准制）	创业板（注册制）	科创板	北交所
市值及财务指标	5. 最近一期期末不存在未弥补亏损			三年经营活动产生的现金流量净额累计不低于人民币1亿元； 4. 预计市值不低于人民币30亿元，且最近一年营业收入不低于人民币3亿元； 5. 预计市值不低于人民币40亿元，主要业务或产品经国家有关部门批准，市场空间大。医药行业企业需至少有一项核心产品获准开展二期临床试验，其他符合科创板定位的企业需具备明显的技术优势并满足相应条件	3. 预计市值不低于2亿元，最近一年营业收入不低于人民币8亿元，最近两年营业收入合计占比例不低于8%； 4. 预计市值不低于人民币15亿元，最近两年研发投入合计不低于5000万元

三、企业首发定价制度

中国证券市场的发行定价制度可以依据询价制改革划分成两个阶段，即询价制之前和询价制之后。在询价制改革之前，首发企业通常采用固定市盈率的定价方法，即所有首发企业的发行价都由固定的市盈率倍数（如15倍）乘以企业的每股收益确定。而询价制是指通过向机构投资者询价获取需求信息、确定发行价格，是一种市场化的定价机制。但是，在中国，询价制并不能完全等同于市场化定价，关键还是取决于监管层是否对新股定价进行管制。基于不同阶段的监管政策，本书以时间线的方式对我国IPO定价制度的变迁过程进行了梳理，如图2-11和表2-4所示。具体来看，我国IPO定价制度的变化可以分为以下几个阶段：

第一阶段（1993年4月—1999年7月）。1993年4月，证监会发布了《股票发行与交易管理暂行条例》，标志着我国证券发行审批制的正式确立。在此期间，首次公开发行实行"总量控制，限报家数"的审批制，发行股份数和发行定价的决策权归属于首发企业和相关政府监管部门，新股发行定价使用相对固定的市盈率，一般在12—15倍之间。

第二阶段（1999年7月—2001年11月）。1999年7月《中华人民共和国证券法》实施以后，首次公开发行进入了市场化发行阶段；同年7月，证监会发布了《关于进一步完善股票发行方式的通知》，此后，首次公开发行实施的是累计投标定价的新股发行定价方式，不再设置市盈率上限，新股价格由首发企业、承销商以及机构投资者自行商议决定。这是中国第一次尝试新股价格完全由市场决定。

第三阶段（2001年11月—2004年12月）。2001年7月，受国有股减持政策的影响，市场大幅下跌，大量新股股价跌破发行价，证监会被迫暂停新股发行。2001年11月，证监会恢复新股发行，并重新实施发行定价管制，设定 20 倍市盈率上限，这一定价方式一直持续到 2004 年。

第四阶段（2005 年 1 月—2009 年 6 月）。2004 年 12 月 7 日，证监会发布了《关于首次公开发行股票试行询价制度若干问题的通知》，从 2005 年开始，新股发行定价实行询价制度。该制度规定首发企业及其保荐机构应采用累计投标询价的方式向证券投资基金管理公司等七类机构投资者询价确定发行价格。虽然在制度安排上是完全市场化定价的模式，但在实际操作中，证监会仍然通过隐性方式对 IPO 发行价格进行上限为 30 倍市盈率的限制。

第五阶段（2009 年 6 月—2012 年 4 月）。2009 年 6 月，证监会发布了《关于进一步改革和完善新股发行体制的指导意见》，目的在于进一步完善询价制度、机构报价的约束机制，同时取消了市盈率上限，发行价格与节奏均由市场决定，又一次实现了真正意义上的市场化定价。

第六阶段（2012 年 4 月—2014 年 6 月）。由于新股市场"破发"和创业板"三高"现象的屡屡出现，为了整治上述乱象，证监会于 2012 年 4 月 28 日发布了《关于进一步深化新股发行体制改革的指导意见》，其中指出，发行定价要参考同行业市盈率，对于发行市盈率超过同行业中位数市盈率 25% 的首发企业需补充说明理由，并向投资者进行风险提示。2013 年 12 月 13 日，上交所发布了《关于进一步加强新股上市初期交易监管的通知》。同日，深交所发布了《关于首次公开发行股票上市首日盘中临时停牌制度等事项的通知》，至此，我国新股发行上市首日的交易价格只能在发行价的 64%～144% 之间，"首日涨停板"制度对新股上市后的定价也产生了重要影响。此阶段证监会虽然形式上没有强制设定发行市盈率上限，但实际上通过"补充披露规定"限定了发行价格上限。

第七阶段（2014 年 6 月—2019 年 7 月）。2012 年至 2014 年，由于"破发"等原因证监会曾两次暂停新股发行。自 2014 年 6 月富邦股份按照 23.01 倍市盈率获准发行后，全年再无一只新股的发行市盈率超过 23

倍，而且绝大多数首发上市企业发行市盈率刚好低于23倍。这样，中国新股定价制度便以窗口指导的形式转为存在23倍发行市盈率上限的模式，新股定价彻底回到了管制时代。

第八阶段（2019年7月至今）。随着证监会于2019年3月1日发布《科创板首次公开发行股票注册管理办法（试行）》，以及2019年7月科创板在上交所开市并首次实施注册制时监管部门曾提到，不同于主板市场现行的定价方式，科创板采用市场化的方式确定新股发行价格。这标志着我国新股定价进入了市场化与管制并行的时代。

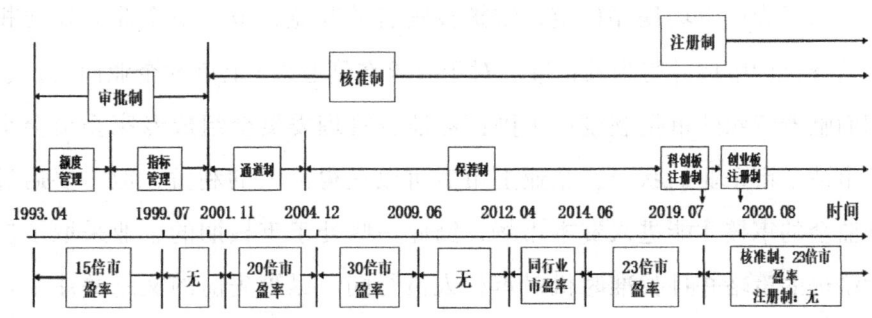

图2-11 中国新股发行价格管制阶段划分

表2-4　　　　　　　IPO定价制度

定价制度	时间	定价方法	定价管制（上限）
询价制之前	1993.04—1999.07	固定市盈率	15倍市盈率
	1999.07—2001.11	累计投标定价	无
	2001.11—2004.12	固定市盈率	20倍市盈率
询价制之后	2005.01—2009.06	询价制	30倍市盈率
	2009.06—2012.04		无
	2012.04—2014.06		同行业市盈率
	2014.06—2019.07		23倍市盈率
	2019.07后至今		核准制：23倍市盈率 注册制：无

31

第三章 上市行贿IPO企业新股定价及业绩表现

为了确保市场秩序稳定，维护投资者的利益，拟上市企业需要向相关监管机构申请并得到其批准。对于寻求在创业板①上市的企业而言，它们面临着特殊的审批制度：中国证券监督管理委员会组成专家委员会审核申请上市企业的状况。企业上市后可以获得巨大的利益，但需要通过证监会的审核才能进入资本市场，因此一些处于审核期的企业采取了较为激进的策略并且找准时机对审核人员行贿。尽管先前的文献关注了资本市场中的违法或贿赂行为（Meulbroek，1992；Cheung et al.，2020），但由于数据的可获得性等原因，很少有学者研究企业在IPO中行贿的影响。因此，企业行贿行为背后的动机以及行贿对企业IPO抑价和IPO后业绩表现的影响仍是未知数，本章基于特有事件旨在这些方面对现有研究进行补充。

根据2019年年底新闻披露的两名创业板审核委员（被定罪）的受贿信息，本章识别出一系列在上市过程中涉嫌行贿的企业。披露的信息包括直接行贿者的姓名、行贿时间、行贿金额以及涉及的IPO企业。在此基础上，本章利用企业上市前的数据研究行贿企业与非行贿企业在IPO过程中所表现出的特征、定价策略、行贿动机以及在受贿委员信息被披

---

① 创业板是深圳证券交易所专门面向科技行业的公司所推出的板块。

露后股票市场中投资者的反应。具体来看，本章第一节为制度背景，第二节为理论分析与研究假设，第三节为研究设计，第四节为实证结果分析，第五节为进一步分析，第六节为稳健性检验，第七节为本章小结。

第一节　制度背景

我国第一部证券法自 1999 年 7 月 1 日起生效。在该项法律出台之前，想要在中国股市上市的企业必须获得中国证监会的批准。1993 年，证券发行审核委员会与中国证监会同时成立。2003 年，发行审核委员会被赋予审核企业 IPO 申请的绝对自由裁量权，而且证券承销也成为一项强制性的规定。因此，发行审核委员会实际上是企业进入资本市场的守门人，负责审核那些在主板、中小企业板和创业板上市的企业。

创业板是一个纳斯达克式的股票市场，从属于深圳证券交易所，它针对的是那些想要快速发展的创新型企业。创业板的上市要求并没有其他两个板块严格①，所以中国证监会为想要在创业板上市的企业引入一个专门的发行审核委员会，在 2009 年至 2017 年间有两个发行审核委员会同时并存，直到 2017 年 7 月 1 日才进行了合并。

证券发行审核委员会由中国证监会和其他政府部门的官员以及会计师事务所、律师事务所、基金管理公司和其他机构或公司的外部专家所组成，其规模相对较小并且稳定。在本章的样本期内，发行审核委员会中有 35 名委员负责监管创业板，而有 25 名委员负责监管其他板块。此

---

① 例如，主板和中小板对上市企业提出以下要求：（1）企业每年盈利额为正；（2）申请上市的企业前三年盈利在 3000 万元以上。而创业板对上市企业的要求如下：（1）企业每年盈利额为正；（2）申请上市的企业前两年盈利在 1000 万元以上或者连续两年盈利，且最近一年的营业收入不低于 5000 万元。

外，对于每一家企业的 IPO 申请，证监会会随机指定 7 名发行审核委员会委员对 IPO 申请企业的状况进行审核。而且，拟上市企业需要在审核会议上获得发行审核委员会委员中的五票及以上赞成票。企业申请 IPO 的审批步骤如图 3-1 所示。市场经济下有大量的企业争相申请上市，这与发行审核委员会的较小规模形成了鲜明对比。例如，2016 年 6 月大约有 700 家企业在同时等待 IPO 的资格审核。

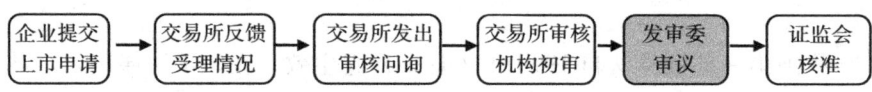

图 3-1　创业板上市企业的审核程序

权力高度集中和市场准入要求过高导致发行审核委员会委员频繁卷入腐败丑闻。多年来，反腐一直是我国政府的首要任务，自 2012 年以来我国政府在反腐败运动中已经罢免了十多万名各级政府官员。随着反腐败运动延伸到金融部门，六名发行审核委员会委员被发现有违法犯罪行为（如表 3-1 所示）。韩建旻和孙小波是近年来被发现的两位委员，之前他们主要负责审核申请在创业板上市的企业，并且他们已经连续任职三届，审核的 IPO 企业数量比其他委员多。

表 3-1　　　　　　发行审核委员会委员贪腐案件

序号	姓名	板块	起诉时间	罪行
1	孙小波	创业板	2017.08	担任发审委员时犯受贿罪
2	韩建旻	创业板	2017.08	担任发审委员时犯受贿罪
3	冯小树	主板	2017.04	利用职务之便在深交所违法买卖股票
4	胡世辉	创业板	2015.04	利用管理科技项目之便为他人谋利且收受贿赂
5	邓瑞祥	主板	2014.09	担任中国人寿股票投资部总经理时涉嫌内幕交易
6	温京辉	主板	2014.01	担任发审委员时协助企业财务造假

法院在 2019 年 12 月对韩建旻和孙小波做出最终判决，并且披露了他

们所涉及案件的详细信息，这同时也向股票市场发出警示——发行审核委员会内部存在不端行为。韩建旻被判处十年有期徒刑，并处罚金人民币100万元；孙小波被判处有期徒刑十一年，并处罚金人民币250万元。

通过手工收集公开披露的数据（如表3-2和表3-3所示），可以发现有25（45）家企业对韩建旻（孙小波）进行了贿赂，其中最大的一笔贿赂金额达到145万元人民币。此外，如表3-4所示，韩建旻审核了24家行贿企业的上市申请，孙小波审核了42家行贿企业的上市申请。尽管政策要求在审核会议前五天再随机挑选7名发行审核委员会委员，但大多数行贿企业基本都知道哪位委员将来审核它们。因此，在这种制度背景下行贿企业的IPO批准率接近95%，比非行贿企业高出约17%。

表3-2　　　　　　　　　韩建旻受贿信息

序号	股票代码	企业简称	时间	行贿人类型	行贿金额[美元($)，欧元(€)，人民币(¥)，港币(HK$)]
1	300067	安诺其	2010.03	董事长、证券公司	$20000
2	300115	长盈精密	2010.06	董事长	$20000
3	300126	锐奇股份	2010.06	董事长、证券公司	$20000
4	300154	瑞凌股份	2010.09	董事长	$20000
5	300158	振东制药	2010.12	董事长	¥200000
6	300162	雷曼光电	2010.11	董事长	$20000
7	300168	万达信息	2010.10	董事长	€10000
8	300177	中海达	2010.12	董事长	€20000
9	300205	天喻信息	2010.12	董事长	$30000
10	300235	方直科技	2010.03	董事长、证券公司	$20000
11	300245	天玑科技	2011.05	董事长	$20000
12	300246	宝莱特	2011.06	董事长、证券公司	$20000

续表

序号	股票代码	企业简称	时间	行贿人类型	行贿金额［美元（$），欧元（€），人民币（¥），港币（HK$）］
13	300261	雅本化学	2011.12	董事长	€20000
14	300273	和佳股份	2011.07	董事长	$20000
15	300275	梅安森	2011.08	董事长	€10000
16	300280	紫天科技	2011.09	董事长	€20000
17	300303	聚飞光电	2011.12	董事长	€20000
18	300319	麦捷科技	2012.02	董事长、证券公司	¥200000
19	300324	旋极信息	2011.11	董事长	$20000
20	300326	凯利泰	2011.12	董事长	€20000
21	300330	华虹计通	2012.01	董事长	$20000
22	300354	东华测试	2012.05	董事长	€20000
23	300368	汇金股份	2012.05	董事长	$20000
24	870958	中交通力	2011.12	董事长	¥1450000
25	否定	西林科	2010.12	董事长	¥100000

表3-3　　　　　　　　　　孙小波受贿信息

序号	股票代码	企业简称	时间	行贿人类型	行贿金额［美元（$），欧元（€），人民币（¥），港币（HK$）］
1	300054	鼎龙股份	2010.02	证券公司	¥30000
2	300074	华平股份	2010.03	董事长	$15000
3	300075	数字政通	2010.03	董事长	¥100000
4	300115	长盈精密	2010.06	公司股东	¥100000
5	300137	先河环保	2010.09	董事长	¥100000
6	300139	晓程科技	2010.09	总会计师	¥200000
7	300153	科泰电源	2010.11	董事长	$20000
8	300163	先锋新材	2010.11	董事长	¥200000
9	300165	天瑞仪器	2010.11	董事长	$20000

续表

序号	股票代码	企业简称	时间	行贿人类型	行贿金额 [美元（$），欧元（€），人民币（￥），港币（HK$）]
10	300167	迪威讯	2010.11	董事长	￥30000
11	300184	力源信息	2010.12	董事长	￥200000
12	300188	美亚柏科	2010.12	总经理	￥150000
13	300189	神农科技	2011.01	证券公司	$20000
14	300207	欣旺达	2011.03	证券公司	￥100000
15	300208	青岛中程	2011.03	董事长	￥100000
16	300226	上海钢联	2011.04	董事长	$20000
17	300228	富瑞特装	2011.04	证券公司	￥200000
18	300235	方直科技	2011.04	证券公司	$20000
19	300236	上海新阳	2011.04	董事长	$30000
20	300238	冠昊生物	2011.05	董事长	HK$150000
21	300245	天玑科技	2011.05	董事长	$20000
22	300252	金信诺	2011.06	证券公司	€15000
23	300253	卫宁健康	2011.07	董事长	€10000
24	300254	仟源药业	2011.06	董事长	$20000
25	300255	常山药业	2011.06	董事长	￥100000
26	300272	开能健康	2011.07	董秘	￥200000
27	300280	南通锻压	2011.09	董事长	￥100000
28	300290	荣科科技	2011.11	董事长	$5000
29	300300	汉鼎宁佑	2011.12	总经理	$20000
30	300304	云意电气	2011.12	董事长	€25000
31	300317	珈伟新能	2012.01	董事长	€20000
32	300324	旋极信息	2011.11	董事长	$20000
33	300340	科恒股份	2012.03	董事长	€20000
34	300342	天银机电	2012.03	董事长	HK$200000
35	300345	红宇新材	2012.04	董事长	€25000
36	300351	永贵电器	2012.05	证券公司	€25000

续表

序号	股票代码	企业简称	时间	行贿人类型	行贿金额 [美元（$），欧元（€），人民币（￥），港币（HK$）]
37	300356	光一科技	2012.05	董事长	€25000
38	300363	博腾股份	2012.05	证券公司	￥150000
39	300367	东方网力	2012.06	董事长、董秘	€40000
40	300377	赢时胜	2012.06	董事长	$20000
41	300383	光环新网	2012.04	董事长	€50000
42	835776	招金励福	2011.NA	董事长	￥200000
43	002838	道恩股份	2012.NA	董事长、董秘	￥40000
44	否定	铜都阀门	2011.10	董事长	$40000
45	否定	新大地	2011.10	董事长	￥1000000 和 HK$200000

注：本表使用 NA 来表示无法确定的受贿月份。

表3-4　　　韩建旻和孙小波审核 IPO 企业情况

	审核企业数量	通过审核	取消审核	被否定	通过率
Panel A：韩建旻审核情况					
行贿企业	24	22	0	2	91.67%
未行贿企业	120	91	2	27	75.83%
合计	144	113	2	29	78.47%
Panel B：孙小波审核情况					
行贿企业	42	41	1	0	97.62%
未行贿企业	101	81	3	17	80.20%
合计	143	122	4	17	85.31%

第二节　理论分析与研究假设

我们认为，企业在 IPO 审核过程中通过行贿进入市场的动机可能有两种。第一种是企业质量假说，即在监管机构看来行贿企业的财务质量状况普遍较差，尽管在投资者看来未必如此。① 没有良好财务质量基本面的支持，企业更不容易通过 IPO 审核。因此，这些企业才会通过贿赂发行审核委员会委员以获得监管机构的批准。相对于非行贿企业而言，低质量的行贿企业更有可能制定较高的股票发行价，从而能够收回行贿成本，所以它们的 IPO 抑价程度更低。并且，信息不对称理论表明，高质量的企业可以通过更高的 IPO 抑价将低质量的竞争对手挤出资本市场（Ibbotson，1975；Allen and Faulhaber，1989；Grinblatt and Hwang，1989；Welch，1989）。此外，中国证监会通常偏好高质量企业，高质量企业获得监管批准的概率更高（Liu et al.，2013；Tu et al.，2013），因此，高质量的企业在 IPO 审核过程中不太可能贿赂监管人员。在股票定价方面，高质量的非行贿企业通常会采取长期战略，更有可能压低其首次公开募股的价格，从而区别于竞争对手（Ritter and Welch，2002）。

第二种是行为激进假说，即一些企业迫切想要进入资本市场。该假说的焦点并不是企业质量，而是因为企业上市后可以获得巨大的利益，因此，贿赂是企业在申请上市过程中过于激进的表现。中国企业申请上市的竞争非常激烈，行贿企业在企业基本面上可能没有明显的劣势。因此，并不是由于这些企业的质量状况差才去对监管人员行贿，而是企业自身的激进性导致贿赂行为的发生。如果贿赂监管人员带给企业本身的净现值（NPV）足够高，那么，一些企业便会通过行贿来获得市场准入资格，而不顾其自身质量状况（Cheung et al.，2020）。因此，行贿可能是申请 IPO 的企业进入资本市场的理性选择。当惩罚成本可以忽略不计时贿赂行为会更加常见，就像中国资本市场过去较多的企业上市行贿的情况一样。如表3-1所示，在大多数贿赂案件中，企业董事长或 CEO 并

---

① 在企业首次发行股票时投资者并不清楚其是否在上市过程中行贿，因此投资者并不会认为行贿企业的质量较差。

没有受到法律的惩罚。而且，在贿赂发行审核委员会委员后，行贿企业为了弥补行贿成本，它们会将股票的发行价定在一个较高的水平，由此提高行贿行为给企业带来的净现值。除了行贿行为，行贿企业的激进性还会延伸到IPO过程和日常经营的其他方面。另外，投资者会认为这种激进性是一种积极信号（Zhang et al.，2020）。因此，相对于非行贿企业，行贿企业抑制股票价格的程度会更低。

上述两种假说都认为行贿企业首次发行的股票定价要高，但是所依据的逻辑是不同的。如果企业质量假说成立，本章预计行贿企业在申请IPO之前企业基本面状况较差。综上所述，本章提出以下假设：

假设3-1：行贿企业比非行贿企业首次发行股票的抑价程度更低。

第三节 研究设计

一、数据与样本

在公开的信息中总共有六名发行审核委员会委员已经被定罪，但是本章排除了三名在加入发行审核委员会之前就已经犯罪的委员。同时，由于发行审核委员会使用不同的标准来审核主板和创业板的企业IPO申请，本章又排除了一名主要从事主板审核的委员。因此，本章分析的重点是审核创业板上市申请的两名被定罪的发行审核委员会委员。

为了识别行贿的上市企业，我们从中国最高人民法院指定的官方信息披露平台"中国裁判文书网"手工收集了这两名被定罪委员的受贿信息，发现有65家企业在上市过程中对这两位委员行贿（5家企业同时行贿两位委员），在排除三家上市被否的企业和三家非创业板企业之后，最终剩余59家在创业板申请上市的企业。此外，本章还将2009年至2017

第三章 上市行贿IPO企业新股定价及业绩表现

年间在创业板上市的所有非行贿企业用做对比。本章从国泰安CSMAR数据库中获得了相关企业在上市前三年的基本面数据,并且利用东方财富网旗下的Choice数据库进一步补充了2009年至2017年中国证监会正在审核的拟上市企业的数据。

样本分布统计结果见表3-5。在跨度为9年的样本期间内有710家企业获得中国证监会的批准,并且成功在创业板上市。然而,证监会有时会出于各种不同的原因临时暂停企业申请上市。本章样本期内就包括两个暂停期间——2008年9月至2009年7月和2012年11月至2013年11月。因此,除了2009年和2013年,申请IPO的企业数量在各年份中分布均匀。在IPO过程中行贿的情况主要聚集在2010年至2012年。如表3-5的Panel A所示,从2010年到2012年,创业板中约有17%的企业涉嫌行贿。而且中国证监会控制着企业IPO的审批,行贿企业还需要同质量状况良好的非行贿企业和中国证监会正在考察的其他候选企业竞争。本章在考虑了未决候选企业之后,发现平均行贿率下降了2.28个百分点[从表3-5第(6)列的8.31%下降到第(7)列的6.03%]。Panel B列示了样本企业在各行业的分布情况,多数行贿企业集中在制造业和技术服务业,在申请上市过程中行贿企业所占的比例为总体样本的8.31%。

表3-5 样本分布情况

年份/行业	(1) 总样本 数量	(2) 总样本 百分比	(3) 待上市企业 数量	(4) 待上市企业 百分比	(5) 数量	(6) 行贿企业 占总样本 百分比	(7) 行贿企业 占所有企业 百分比
Panel A:样本按年份分布情况							
2009	35	4.93	2	0.75	0	0.00	0.00
2010	117	16.48	10	3.73	11	9.40	8.66
2011	128	18.03	25	9.33	28	21.88	18.30
2012	73	10.28	21	7.84	15	20.55	15.96

续表

年份/行业	(1) 总样本 数量	(2) 总样本 百分比	(3) 待上市企业 数量	(4) 待上市企业 百分比	(5) 行贿企业 数量	(6) 占总样本 百分比	(7) 占所有企业 百分比
2013	0	0.00	79	29.48	0	0.00	0.00
2014	51	7.18	25	9.33	0	0.00	0.00
2015	87	12.25	11	4.10	5	5.75	5.10
2016	78	10.99	31	11.57	0	0.00	0.00
2017	141	19.86	64	23.88	0	0.00	0.00
Panel B：样本按行业分布情况							
制造业	491	69.15	51	19.03	41	8.35	7.56
技术服务业	128	18.03	17	6.34	16	12.5	11.03
农业	7	0.99	6	2.24	1	14.29	7.69
批发与零售业	6	0.85	1	0.37	1	16.67	14.29
其他行业	78	10.99	193	72.01	0	0	0.00
合计	710	100	268	100	59	8.31	6.03

二、模型与变量

本章使用以下多元回归模型来检验研究假设：

$$PE_i（FDR_i） = \alpha_0 + \alpha_1 BribingFirm_i + Controls_i + Industry_i + Year + \varepsilon$$

（3-1）

PE 是企业股票发行价与上市前每股收益的比率，FDR 是上市首日回报率。$BribingFirm$ 是一个哑变量，如果企业在 IPO 过程中行贿为 1，否则为 0。本章还在模型中添加了一系列控制变量：发行规模（$OfferSize$）、招股时间间隔（$TimeLag$）、风险投资（PVC）、会计师事务所（$Big4$）、企业年龄（Age）、企业规模（$Size$）、净资产收益率（ROE）、财务杠杆（$Leverage$）、货币资金（$Cash$）、企业盈利波动率（$StdROE$），操纵性应计利润（JonesDA）、真实盈余管理（RoyREM）、股权性质（SOE）、大股东持股比例（Top1）、两职合一（Duality）、政治关联（Political）、独立董事比例（Independent）和企业位置（FinCenter）。相关变量的符号和定义详见表3-6。此外，本章还在回归模型（3-1）中考虑了行业和年份（月度）固定效应。t值为标准误经过年度聚类调整后的稳健值。若假设3-1成立，模型（3-1）中的α_1应该显著为负。

表3-6　　　　　　　　变量定义表

变量符号	变量定义
BribingFirm	哑变量，如果企业行贿则为1，否则为0
BribeAmount	对贿赂金额取自然对数
PE	发行价与企业上市之前每股收益的比率
FDR	（IPO当日收盘价－发行价）/发行价
FDR10（30）	上市后前10（30）个交易日的平均收盘价与发行价之差除以发行价
AdjFDR	综合A股市场调整的上市首日回报率
AdjFDR10（30）	综合A股市场调整的上市后前10（30）个交易日的回报率
CAR_D（1, d）	市场模型计算的上市后1到d天的超额收益率
CAR_M（0, m）	市场模型计算的上市后0到m月的超额收益率
Ln（UnderwritingFee）	承销费的自然对数
UnderwritingFee/Total	承销费占发行总成本的比例
Top1 Compensation	企业管理层最高薪酬的自然对数
Top3 Compensation	企业管理层前三名薪酬总和的自然对数
OfferSize	所筹集资金与总资产的比率
TimeLag	Ln（1＋招股说明书披露日至上市日间隔天数）
PVC	如果企业有私人股本或涉及风险投资，则为等于1的哑变量，否则为0
Big4	哑变量，若由四大会计师事务所审计为1，否则为0
Age	Ln（1＋企业上市年份－企业成立年份）
Size	Ln上市前一年总资产
ROE	上市前一年净利润/上市前一年净资产

续表

变量符号	变量定义
Leverage	上市前一年的负债总额除以资产总额计算得出的杠杆比率
Cash	上市前一年现金总额/上市前一年总资产
StdROE	上市前三年的净资产收益率的标准差
JonesDA	根据琼斯模型（Jones,1991）计算的操纵性应计项目
RoyREM	根据 Roychowdhury（2006）模型计算的真实活动盈余管理
SOE	哑变量，若企业是国有控股为1，否则为0
Top1	企业上市当年的最大股东
Duality	哑变量，若董事长兼任 CEO 为1，否则为0
Political	Ln（1 + IPO 年度有政治背景的董事数量）
Independent	哑变量，如果独立董事的比例高于1/3则为1，否则为0
FinCenter	哑变量，如果企业位于金融中心（即北京、上海和深圳）则等于1，否则为0
EPS	净利润除以发行在外的股份数
Education	哑变量，如果董事长受过高等教育（至少为学士学位）则为1，否则为0
Overseas	哑变量，如果董事长有海外求学背景则为1，否则为0
ROA（ROE）	总资产（净资产）收益率
AfterIPO	哑变量，如果处于企业上市后的一年则为1，否则为0
Industry	根据证监会2012版行业分类设置的虚拟变量
Year	根据年度设置的虚拟变量
Month	根据月份设置的虚拟变量

第四节 实证结果分析

一、单变量分析

本章对行贿企业及其 IPO 定价进行了单变量分析，如表3-7所示，行贿企业的定价水平远高于非行贿企业。例如,行贿企业 PE 的均值为 37.902,中位数为 32.353。这两者都高于中国证监会在 2009 年 6 月之前对首次公开发行股票规定的 30 倍市盈率上限。而且,行贿企业的平均值比非行贿企业高 36.62%,中位数比非行贿企业高 84.86%。因此,行贿企业通常在 IPO 定价中更为激进。

表 3-7　　　　　　　　单变量分析

	Panel A:被解释变量单变量分析			
变量	(1) 总样本	(2) 行贿企业	(3) 未行贿企业	(4) 均值和中位数差异
PE	28.716	37.902	27.884	10.019***
	[20.389]	[32.353]	[17.500]	[14.853***]
FDR	0.391***	0.286***	0.401***	-0.114***
	[0.440***]	[0.240***]	[0.440***]	[-0.200***]
FDR10	0.761***	0.301***	0.803***	-0.502***
	[0.879***]	[0.192***]	[1.087***]	[-0.895***]
FDR30	1.514***	0.302***	1.624***	-1.322***
	[0.966***]	[0.155***]	[1.190***]	[-1.036***]
CAR_D(1,3)	0.130***	-0.003	0.142***	-0.145***
	[0.144***]	[-0.016]	[0.239***]	[-0.255***]
CAR_D(1,5)	0.218***	0.011	0.237***	-0.226***
	[0.152***]	[-0.013]	[0.373***]	[-0.386***]
CAR_D(1,10)	0.405***	0.013	0.441***	-0.428***
	[0.204***]	[-0.017]	[0.366***]	[-0.383***]
CAR_D(1,20)	0.545***	-0.002	0.594***	-0.597***
	[0.232***]	[-0.035]	[0.390***]	[-0.424***]
CAR_D(1,40)	0.535***	0.021	0.581***	-0.560***
	[0.261***]	[-0.018]	[0.382***]	[-0.400***]
CAR_D(1,60)	0.531***	0.008	0.579***	-0.571***
	[0.300***]	[-0.024]	[0.405***]	[-0.429***]

续表

	Panel A:被解释变量单变量分析			
变量	(1) 总样本	(2) 行贿企业	(3) 未行贿企业	(4) 均值和中位数差异
$CAR\_M(0,12)$	0.440***	0.052	0.475***	-0.423***
	[0.126***]	[0.015]	[0.140***]	[-0.124**]
$CAR\_M(0,24)$	0.549***	0.217***	0.579***	-0.361**
	[0.293***]	[0.091**]	[0.306***]	[-0.215**]
$CAR\_M(0,36)$	0.662***	0.359***	0.690***	-0.331**
	[0.474***]	[0.334***]	[0.478***]	[-0.144*]
	Panel B:控制变量单变量分析			
变量	(1) 总样本	(2) 行贿企业	(3) 未行贿企业	(4) 均值和中位数差异
OfferSize	1.451	2.091	1.393	0.698***
	[0.973]	[1.756]	[0.911]	[0.845***]
TimeLag	2.473	2.395	2.480	-0.085**
	[2.485]	[2.303]	[2.485]	[-0.182***]
PVC	0.630	0.542	0.637	-0.095
	[1.000]	[1.000]	[1.000]	[0.000]
Big4	0.013	0.017	0.012	0.005
	[0.000]	[0.000]	[0.000]	[0.000]
Age	11.755	10.46	11.87	-1.415**
	[11.000]	[10.000]	[11.000]	[-1.000**]
Size	19.770	19.407	19.803	-0.396***
	[19.747]	[19.458]	[19.786]	[-0.328***]
ROE	0.252	0.288	0.248	0.040***
	[0.235]	[0.278]	[0.231]	[0.047***]
Leverage	0.378	0.377	0.378	-0.001
	[0.372]	[0.386]	[0.372]	[0.013]
Cash	0.244	0.282	0.240	0.042**
	[0.204]	[0.274]	[0.202]	[0.072*]

续表

变量	(1) 总样本	(2) 行贿企业	(3) 未行贿企业	(4) 均值和中位数差异
			Panel B：控制变量单变量分析	
$StdROE$	0.051	0.055	0.051	0.004
	[0.036]	[0.039]	[0.036]	[0.004]
$JonesDA$	0.024	0.023	0.024	-0.002
	[0.018]	[-0.003]	[0.018]	[-0.021]
$RoyREM$	-0.052	-0.083	-0.048	-0.035**
	[-0.040]	[-0.083]	[-0.040]	[-0.043**]
SOE	0.039	0.051	0.038	0.012
	[0.000]	[0.000]	[0.000]	[0.000]
$Top1$	44.774	44.190	44.827	-0.637
	[43.097]	[42.354]	[43.097]	[-0.743]
$Duality$	0.210	0.034	0.226	-0.192***
	[0.000]	[0.000]	[0.000]	[0.000***]
$Political$	1.323	1.382	1.317	0.065
	[1.386]	[1.609]	[1.386]	[0.223]
$Independent$	0.163	0.000	0.178	-0.178***
	[0.000]	[0.000]	[0.000]	[0.000***]
$FinCenter$	0.313	0.475	0.298	0.177***
	[0.000]	[0.000]	[0.000]	[0.000***]

注：***、**和*分别表示经过双尾检验在1%、5%和10%的水平下显著，中括号内（外）为中位数（均值）。

之前有大量学者研究过 IPO 中抑价的情况（Ibbotson，1975；Jegadeesh et al.，1993；Purnanandam and Swaminathan，2004；Chan et al.，2004；Tian，2011；Chen et al.，2015）。表3-7 的结果显示，所有创业板上市的企业在上市首日都获得了显著收益，FDR 均值为 0.391，中位数为 0.440。相对于非行贿企业而言，行贿企业的 FDR 明显更低，这表明

行贿企业首次发行股票的定价处于一个更高的水平。

在中国,股票的每日交易价格受到价格限制条例的约束。自 2001 年以来,证监会对流通股实行了价格控制,允许股票价格在一天内向上或向下波动 10%。2013 年,上海和深圳证券股票交易所在首日股票价格波动范围超过 10% 时将暂停该股票的买卖。2014 年,两个交易所更新了规定——首次发行股票的首日竞价价格不得高于(低于)发行价的 144%(64%)。由于对每日交易价格的监管限制,本章使用首日收盘价来计算上市企业的 FDR 可能不太理想。因此,本章利用 Chung et al.(2005)的文章中所使用的方法,使用企业上市后前 10 个或 30 个交易日的平均收盘价来推算 IPO 中的抑价情况,并将其分别表示为 $FDR10$ 和 $FDR30$。如表 3-7 所示,行贿企业的股票价格在前 10 个交易日基本不变,其 $FDR10$ 的均值约为 0.301。相比之下,非行贿企业的股票价格在前 30 个交易日上涨幅度显著,比发行价上涨了 162.4%。

借鉴 Chan et al.(2004)的研究,本章又利用综合 A 股市场调整后的上市回报率(*AdjFDR*、*AdjFDR*10 和 *AdjFDR*30)进行回归分析,得到了一致的结果:行贿企业的 *AdjFDR*、*AdjFDR*10 和 *AdjFDR*30 的均值和中位数均明显低于非行贿企业。总体而言,对企业 *FDR* 的单变量分析初步验证了行贿企业 IPO 抑价程度要低于非行贿企业的假设。

除了 *FDR*,本章还对企业短期股票业绩进行了分析,并在表 3-7 的 Panel A 中报告了结果。参照 Cheung et al.(2020)的研究,本章引入综合 A 股市场调整后的每日股票回报率对两类企业进行回归分析。总体来说,创业板首次上市的企业引起了积极的市场反应,超额收益率(*CAR*)的均值在大约 20 天内达到过峰值 54.5%。

上述较好的业绩表现主要是由非行贿企业股票的优异表现所引起的。具体来看,非行贿企业 *CAR* 的均值(中位数)在 20 天内达到了 59.4%(39%)并能够保持这一水平。相比之下,若不考虑股票上市首日,行贿企业的股票回报率在统计水平上并不显著。投资者并不能在企业刚发行股票时就能识别出那些通过行贿才能成功上市的企业,所以将行贿企业日后业绩表现不佳归因于发行价较高也是合理的。行贿企业首次发行的股票定价较高,同时只能给一级市场的投资者提供有限的折扣,因此其在上市后的业绩表现较差。由于非行贿企业在创业板中的占比相当大,所以若利用创业板的股票收益率来调整它们的收益率很可能会产生向下的偏差。因此,在基准分析中本章使用深圳证券交易所所有A股的收益率进行调整。

除了IPO定价,如表3-7的Panel B所示,本章还从其他方面研究了行贿企业和非行贿企业之间的差异。研究结果表明,行贿企业能够更快上市,而且它们能在首次发行股票中筹集到更多的资金。相对于非行贿企业而言,行贿企业通常年龄较小、规模较小、现金流较多,并且在上市前一年的业绩表现更好。另外,行贿企业大多位于金融中心。总体来说,上述结果并不支持企业质量假说,即行贿企业的质量远不如非行贿企业。

以单变量分析为基础,本章进一步分析了企业在IPO过程中行贿的决定因素,并在表3-8中呈现了回归结果。本章利用Probit模型进行回归分析。若企业贿赂发行审核委员会委员,则被解释变量 $BribingFirm$ 为1,否则为0。94.3%的被曝光IPO贿赂丑闻都发生在2010年至2012年之间,因此本章对Probit模型没有加入年份固定效应。结果列示于表3-8的第(1)列。

表3-8　　　　　　　　企业IPO过程中行贿的决定因素

变量	Probit模型 (1) $BribingFirm$	OLS模型 (2) $BribeAmount$
Age	-0.029** (-1.98)	-0.008* (-1.69)

续表

变量	Probit 模型 (1) *BribingFirm*	OLS 模型 (2) *BribeAmount*
Size	−0.700***	−0.231***
	(−4.79)	(−4.36)
Leverage	1.280**	0.401**
	(2.33)	(2.06)
EPS	0.155	0.054
	(0.93)	(0.97)
PVC	−0.033	−0.021
	(−0.22)	(−0.33)
SOE	0.248	0.130
	(0.73)	(0.77)
*Top*1	−0.001	−0.000
	(−0.15)	(−0.02)
Duality	−0.053	−0.027
	(−0.36)	(−0.47)
Education	0.104	0.013
	(0.27)	(0.12)
Overseas	−0.297	−0.138
	(−1.33)	(−1.16)
Political	0.074	0.012
	(0.68)	(0.28)
Industry	YES	YES
Constant	12.115***	4.779***
	(4.38)	(4.56)
N	710	710
Pseudo R^2 / Adjusted R^2	0.089	0.041

注：***、** 和 * 分别表示经过双尾检验在1%、5%和10%的水平下显著，括号内为标准误经过异方差调整后的稳健 t 值。

第三章 上市行贿 IPO 企业新股定价及业绩表现

在表 3-8 中，*Size* 和 *Age* 分别在 1% 和 5% 的水平下显著为负，而 *Leverage* 在 5% 的水平下显著为正。回归结果表明，行贿企业通常年龄更小、规模更小，但杠杆系数更大。本章继续使用相同的解释变量且利用 OLS 模型进行回归分析，将 *BribeAmount* 作为被解释变量，回归结果在表 3-8 的第（2）列中呈现。企业在 IPO 过程中行贿的决定因素同样影响着行贿金额，而且规模更小、更年轻以及高杠杆的企业更有可能对审核委员行贿，同时具有这些特征的企业通常在其经营活动中表现更为激进。因此，上述研究结果为行为激进假说提供了初步证据：企业行为越激进，它们就越有可能行贿且行贿金额较大。

二、市盈率和首日回报率

表 3-9 呈现了回归模型（3-1）的结果。在第（1）列中，当使用 *PE* 作为被解释变量时，*BribingFirm* 的系数为 2.415，且在 10% 的水平下显著，同时这种影响也具有经济意义。整个样本的平均市盈率为 28.716，但行贿企业的平均市盈率要高于非行贿企业。

表 3-9　　　　企业 IPO 过程中行贿对股票定价的影响

变量	(1) PE	(2) FDR	(3) FDR10	(4) FDR30	(5) AdjFDR	(6) AdjFDR10	(7) AdjFDR30
BribingFirm	2.415*	-0.088*	-0.273***	-0.780***	-0.086*	-0.272***	-0.779***
	(1.78)	(-1.78)	(-3.61)	(-4.25)	(-1.74)	(-3.62)	(-4.25)
OfferSize	11.642***	-0.043**	-0.142***	-0.429***	-0.039**	-0.141***	-0.429***
	(20.38)	(-2.23)	(-4.77)	(-4.71)	(-2.04)	(-4.74)	(-4.71)
TimeLag	2.121	0.243**	0.152	0.136	0.241**	0.149	0.135
	(1.52)	(2.14)	(1.30)	(0.34)	(2.17)	(1.29)	(0.34)
PVC	-0.878	0.025	0.090**	0.147	0.024	0.090**	0.148
	(-1.20)	(1.13)	(2.30)	(1.28)	(1.09)	(2.31)	(1.28)

续表

变量	(1) PE	(2) FDR	(3) FDR10	(4) FDR30	(5) AdjFDR	(6) AdjFDR10	(7) AdjFDR30
Big4	-0.782	0.204	0.275*	0.319	0.200	0.275*	0.320
	(-0.34)	(1.62)	(1.82)	(0.88)	(1.63)	(1.83)	(0.88)
Age	-0.291***	-0.001	0.010***	0.021	-0.000	0.010***	0.021*
	(-3.52)	(-0.29)	(2.88)	(1.66)	(-0.14)	(2.90)	(1.67)
Size	0.097	-0.091***	0.042	0.022	-0.089***	0.042	0.022
	(0.11)	(-2.91)	(1.18)	(0.19)	(-2.88)	(1.19)	(0.19)
ROE	-50.774***	-0.215	-0.586**	-3.395***	-0.221	-0.587**	-3.390***
	(-6.16)	(-1.22)	(-2.25)	(-4.55)	(-1.27)	(-2.25)	(-4.55)
Leverage	22.978***	-0.124	-0.668***	-1.405***	-0.124	-0.666***	-1.404***
	(5.56)	(-1.28)	(-4.11)	(-2.99)	(-1.28)	(-4.11)	(-2.99)
Cash	0.234	-0.102	-0.033	0.221	-0.102	-0.031	0.222
	(0.08)	(-1.32)	(-0.28)	(0.68)	(-1.33)	(-0.26)	(0.68)
StdROE	-10.370	0.323	0.242	1.185	0.307	0.236	1.180
	(-1.04)	(1.34)	(0.69)	(1.55)	(1.30)	(0.68)	(1.54)
JonesDA	1.134	-0.166	-0.533***	-1.124**	-0.167	-0.531***	-1.126**
	(0.29)	(-1.37)	(-2.70)	(-2.15)	(-1.39)	(-2.71)	(-2.15)
RoyREM	2.184	-0.025	-0.028	-0.295**	-0.022	-0.028	-0.294**
	(1.49)	(-0.88)	(-0.66)	(-2.25)	(-0.80)	(-0.67)	(-2.25)
SOE	-0.540	0.078	0.183**	0.634**	0.081	0.185**	0.634**
	(-0.31)	(1.25)	(2.22)	(2.48)	(1.29)	(2.23)	(2.48)
Top1	-0.012	-0.000	-0.001	-0.003	-0.000	-0.001	-0.003
	(-0.70)	(-0.88)	(-1.00)	(-0.99)	(-1.02)	(-1.01)	(-1.00)
Duality	-2.956***	-0.001	0.171***	0.413***	-0.002	0.172***	0.414***
	(-3.58)	(-0.05)	(4.91)	(3.16)	(-0.07)	(4.95)	(3.17)
Political	2.014***	0.001	-0.064**	-0.206***	-0.001	-0.065**	-0.206***
	(3.40)	(0.06)	(-2.54)	(-2.98)	(-0.07)	(-2.57)	(-2.99)
Independent	-2.616***	0.014	0.196***	0.239	0.012	0.197***	0.240
	(-3.26)	(0.69)	(4.23)	(1.46)	(0.59)	(4.26)	(1.46)

续表

变量	(1) PE	(2) FDR	(3) FDR10	(4) FDR30	(5) AdjFDR	(6) AdjFDR10	(7) AdjFDR30
FinCenter	1.099	-0.034	-0.049	-0.080	-0.035	-0.049	-0.080
	(1.42)	(-1.19)	(-1.35)	(-0.81)	(-1.23)	(-1.36)	(-0.81)
Industry	YES	YES	YES	YES	YES	YES	YES
Year/Month	YES	YES	YES	YES	YES	YES	YES
Constant	15.944	1.916***	0.001	2.124	1.883***	-0.002	2.119
	(0.94)	(3.14)	(0.00)	(0.70)	(3.10)	(-0.00)	(0.70)
N	710	710	710	710	710	710	710
Adjusted R^2	0.753	0.166	0.475	0.416	0.162	0.475	0.416

注：***、**和*分别表示经过双尾检验在1%、5%和10%的水平下显著，括号内为标准误经过异方差和年度/月度聚类调整后的稳健t值。

此外，本章对行贿企业的 *FDR* 进行回归分析来描述首日抑价的程度，结果报告在表3-9的第（2）列。行贿企业 *FDR* 的系数为-0.088，并在10%的水平下显著，这表明行贿企业平均的抑价程度比非行贿企业低8.8%。表3-9的第（3）至（7）列呈现了相似的结论。总体来说，表3-9的结果支持假设3-1。

在控制变量方面，对于那些系数显著的控制变量，符号基本符合预期。例如，在表3-9的第（2）至（7）列中，*OfferSize*、*ROE*、*Leverage*、*JonesDA* 和 *Political* 的系数大多显著为负，这表明企业的发行规模较大、资产收益率高、财务杠杆系数大、操纵性应计利润大且具有政治关联，其IPO抑价程度会较低。*OfferSize*、*ROE* 和 *Political* 这三个变量意味着相关企业在上市后的不确定性较低；*Leverage* 和 *JonesDA* 的系数则表明若投资者认为企业的财务杠杆系数大且盈余管理状况较好，那么其会有足够的动力来发展自身。相反，*Age*、*SOE* 和 *Duality* 在表3-9的第（2）至（7）列中大多显著为正，这表明当企业年龄较小、产权性质为国有以及CEO和董事长两职合一时，企业会利用较低的股票发行价来吸引投资者。

余下控制变量与企业股票定价之间并没有表现出清晰且稳健的关系。

三、企业上市后的短期股票业绩

为了证明企业行贿会对其上市后业绩表现造成影响,本章使用多个企业上市后的 $CARs$(从 1 至 60 天)重新对模型 (3-1) 进行回归分析,控制变量与之前相同。表 3-10 呈现了回归结果。

除了前 40 天内的 CAR [CAR_D (1,40)] 外,$BribingFirm$ 的系数绝对值从前 3 天内 CAR [CAR_D (1,3)] 到前 60 天内 CAR [CAR_D (1,60)] 单调递增。如表 3-10 的第 (1) 列所示,在企业上市后的 3 天内,行贿企业的 CAR 比非行贿企业要低 6.7%,到上市后 20 天内两者 CAR 的差距进一步扩大到 33.3%。总体来说,行贿企业股票发行后的短期市场回报率支持行为激进假说。相比于非行贿企业,行贿企业首次发行的股票定价较高,在发行日后它们的股票收益率低于非行贿企业,并且行贿企业较差的股票表现会在上市后的 20 天内被市场投资者所发现。

表 3-10 企业 IPO 过程中行贿对上市后短期股票业绩的影响

变量	(1) CAR_D (1,3)	(2) CAR_D (1,5)	(3) CAR_D (1,10)	(4) CAR_D (1,20)	(5) CAR_D (1,40)	(6) CAR_D (1,60)
$BribingFirm$	-0.067***	-0.101***	-0.206***	-0.333***	-0.312***	-0.337***
	(-2.97)	(-2.94)	(-4.00)	(-4.38)	(-4.09)	(-4.43)
$OfferSize$	-0.030***	-0.055***	-0.118***	-0.178***	-0.171***	-0.177***
	(-3.65)	(-3.97)	(-4.89)	(-4.73)	(-4.43)	(-4.44)
$TimeLag$	-0.062*	-0.069	-0.060	-0.011	-0.098	-0.189
	(-1.76)	(-1.40)	(-0.76)	(-0.08)	(-0.77)	(-1.52)
PVC	0.032***	0.042**	0.073**	0.089*	0.073	0.092*
	(2.68)	(2.30)	(2.28)	(1.78)	(1.42)	(1.88)

续表

变量	(1) CAR_D (1,3)	(2) CAR_D (1,5)	(3) CAR_D (1,10)	(4) CAR_D (1,20)	(5) CAR_D (1,40)	(6) CAR_D (1,60)
Big4	0.050	0.069	0.040	0.067	0.163	0.154
	(1.45)	(1.38)	(0.48)	(0.39)	(0.91)	(0.78)
Age	0.004***	0.006***	0.013***	0.013**	0.015**	0.011*
	(3.09)	(3.70)	(3.96)	(2.35)	(2.60)	(1.88)
Size	0.069***	0.096***	0.116***	0.091*	0.088	0.070
	(6.06)	(5.66)	(3.45)	(1.73)	(1.66)	(1.28)
ROE	−0.082	−0.155	−0.536**	−1.181***	−1.304***	−1.297***
	(−1.06)	(−1.34)	(−2.53)	(−3.70)	(−4.25)	(−4.20)
Leverage	−0.239***	−0.352***	−0.513***	−0.607***	−0.560**	−0.536**
	(−4.98)	(−4.80)	(−3.96)	(−2.91)	(−2.48)	(−2.42)
Cash	0.034	0.061	0.164	0.206	0.190	0.182
	(0.91)	(1.02)	(1.61)	(1.35)	(1.13)	(1.16)
StdROE	−0.093	−0.088	−0.157	0.187	0.174	0.077
	(−0.78)	(−0.53)	(−0.60)	(0.55)	(0.47)	(0.19)
JonesDA	−0.145**	−0.204**	−0.313**	−0.466**	−0.372	−0.466*
	(−2.60)	(−2.45)	(−2.18)	(−2.06)	(−1.57)	(−1.80)
RoyREM	0.010	0.005	−0.028	−0.087	−0.102*	−0.116**
	(0.81)	(0.24)	(−0.81)	(−1.59)	(−1.72)	(−2.13)
SOE	0.041**	0.071**	0.132***	0.235**	0.205*	0.218**
	(2.25)	(2.54)	(2.74)	(2.41)	(1.97)	(2.07)
Top1	−0.000	−0.000	−0.001	−0.001	−0.001	−0.001
	(−0.08)	(−0.39)	(−0.66)	(−1.23)	(−1.26)	(−0.89)
Duality	0.076***	0.118***	0.184***	0.211***	0.178***	0.179***
	(6.20)	(6.16)	(5.58)	(3.79)	(2.88)	(2.85)
Political	−0.021**	−0.038***	−0.081***	−0.107***	−0.094***	−0.102***
	(−2.24)	(−2.69)	(−3.39)	(−3.30)	(−3.03)	(−3.38)
Independent	0.077***	0.121***	0.188***	0.138*	0.143*	0.133*
	(5.02)	(4.98)	(4.34)	(1.91)	(1.88)	(1.75)

续表

变量	(1) CAR_D (1,3)	(2) CAR_D (1,5)	(3) CAR_D (1,10)	(4) CAR_D (1,20)	(5) CAR_D (1,40)	(6) CAR_D (1,60)
FinCenter	-0.003 (-0.26)	-0.007 (-0.42)	-0.024 (-0.84)	-0.018 (-0.43)	-0.006 (-0.13)	-0.022 (-0.46)
Industry	YES	YES	YES	YES	YES	YES
Year/Month	YES	YES	YES	YES	YES	YES
Constant	-1.040*** (-4.72)	-1.476*** (-4.30)	-1.608** (-2.30)	-0.928 (-0.78)	-0.693 (-0.59)	-0.107 (-0.09)
N	710	710	710	710	710	710
Adjusted R^2	0.511	0.526	0.536	0.459	0.434	0.431

注：***、**和*分别表示经过双尾检验在1%、5%和10%的水平下显著，括号内为标准误经过异方差和年度/月度聚类调整后的稳健t值。

四、企业上市后的长期股票业绩

为了确定行贿对企业上市后长期股票业绩的影响，本章利用企业发行股票后长期的CARs重新对模型（3-1）进行回归分析，回归结果如表3-11所示。表3-11的第（1）-（3）列分别列出了企业上市后12个月内的CAR [CAR_M (0,12)]、24个月内的CAR [CAR_M (0,24)]和36个月内的CAR [CAR_M (0,36)]的回归结果。

表3-11　企业IPO过程中行贿对上市后长期股票业绩的影响

变量	(1) CAR_M(0,12)	(2) CAR_M(0,24)	(3) CAR_M(0,36)
BribingFirm	-0.371** (-2.63)	-0.325** (-2.35)	-0.383*** (-2.65)

续表

变量	(1) CAR_M(0,12)	(2) CAR_M(0,24)	(3) CAR_M(0,36)
OfferSize	-0.194***	-0.267***	-0.252***
	(-3.27)	(-5.22)	(-4.72)
TimeLag	-0.804**	-0.784***	-0.871***
	(-2.30)	(-2.71)	(-3.20)
PVC	-0.008	-0.018	-0.029
	(-0.08)	(-0.21)	(-0.33)
Big4	-0.323	-0.450*	-0.334
	(-1.39)	(-1.77)	(-1.13)
Age	0.004	0.009	0.008
	(0.44)	(1.03)	(0.90)
Size	-0.167*	-0.216**	-0.357***
	(-1.96)	(-2.46)	(-3.94)
ROE	-1.429**	-1.009	-0.966
	(-2.23)	(-1.61)	(-1.47)
Leverage	-0.141	0.017	0.214
	(-0.44)	(0.06)	(0.71)
Cash	0.300	0.410	0.528*
	(1.08)	(1.45)	(1.80)
StdROE	-0.121	-0.237	-0.564
	(-0.18)	(-0.32)	(-0.72)
JonesDA	-0.228	-0.220	-0.418
	(-0.66)	(-0.64)	(-1.27)
RoyREM	-0.117	-0.147	-0.181*
	(-1.11)	(-1.48)	(-1.78)
SOE	-0.039	-0.010	-0.040
	(-0.17)	(-0.05)	(-0.17)
Top1	-0.001	0.000	0.002
	(-0.40)	(0.10)	(0.80)

续表

变量	(1) CAR_M(0,12)	(2) CAR_M(0,24)	(3) CAR_M(0,36)
Duality	0.069	0.041	0.031
	(0.68)	(0.40)	(0.30)
Political	−0.071	−0.062	−0.010
	(−1.23)	(−1.03)	(−0.16)
Independent	0.103	−0.066	−0.098
	(0.94)	(−0.63)	(−0.93)
FinCenter	0.043	0.128	0.126
	(0.57)	(1.65)	(1.66)
Industry	YES	YES	YES
Year/Month	YES	YES	YES
Constant	5.838**	6.552***	9.346***
	(2.39)	(2.82)	(3.99)
N	710	710	710
Adjusted R^2	0.121	0.150	0.153

注：***、** 和 * 分别表示经过双尾检验在1％、5％和10％的水平下显著，括号内为标准误经过异方差和年度/月度聚类调整后的稳健 t 值。

在总共三个研究窗口期内，$BribingFirm$ 的系数在1％或5％的水平上显著为负。在上市后的12个月内，行贿企业的股票收益率比非行贿企业低37.1％，这两类企业长期的业绩表现进一步证明了行贿企业的业绩表现持续低于非行贿企业，行贿企业上市后的股票业绩表现不佳是由于首次发行股票定价过高的策略所导致的，这同时也损害了投资者的利益。

第五节 进一步分析

本节进一步从企业质量假说和行为激进假说的视角对前述回归结果

的潜在机制进行研究。

一、经营业绩

为了说明 IPO 企业的整体状况,本章对企业上市前后的 *ROA* 和 *ROE* 进行了分析,回归结果列示在表 3 – 12 的 Panel A 和 Panel B 中。表 3 – 12 的 Panel A 报告了企业上市前后各一年关于 *ROA* 和 *ROE* 的描述性统计。在企业上市前的一年里,行贿企业的 *ROA* 和 *ROE* 的平均值和中位数均显著高于非行贿企业;在上市后的一年里,行贿企业的 *ROA* 和 *ROE* 均大幅下降,且下降幅度远高于同处于下降时期的非行贿企业。

表 3 – 12   创业板企业上市前后的经营业绩

	Panel A:单变量分析		
变量	(1) 行贿企业	(2) 未行贿企业	(3) 均值和中位数差异
ROA of 1 year before the IPO	0.183	0.155	0.028 ***
	[0.162]	[0.140]	[0.022 ***]
ROE of 1 year before the IPO	0.288	0.248	0.040 ***
	[0.278]	[0.231]	[0.047 ***]
ROA of 1 year after the IPO	0.062	0.066	– 0.004
	[0.060]	[0.061]	[– 0.001]
ROE of 1 year after the IPO	0.077	0.088	– 0.010
	[0.077]	[0.084]	[– 0.007]
Change in ROA	– 0.120 ***	– 0.090 ***	– 0.031 ***
	[– 0.104 ***]	[– 0.078 ***]	[– 0.026 ***]
Change in ROE	– 0.210 ***	– 0.161 ***	– 0.048 ***
	[– 0.198 ***]	[– 0.151 ***]	[– 0.047 ***]

续表

	Panel B：交乘项分析			
变量	(1) ROA	(2) ROE	(3) ROA	(4) ROE
$BribingFirm \times AfterIPO$	-0.018*	-0.021*	-0.019**	-0.021*
	(-1.66)	(-1.76)	(-1.99)	(-1.73)
$BribingFirm$	0.013	0.016	0.011	0.014
	(1.32)	(1.52)	(1.30)	(1.26)
$AfterIPO$	-0.090***	-0.162***	-0.091***	-0.163***
	(-21.68)	(-29.70)	(-24.67)	(-30.74)
$Size$			-0.004	-0.005
			(-1.12)	(-0.92)
$Levevage$			-0.138***	0.017
			(-10.71)	(0.95)
$Cash$			0.084***	0.118***
			(6.55)	(6.91)
SOE			-0.012	-0.022**
			(-1.63)	(-2.14)
$Top1$			0.000*	0.000**
			(1.70)	(2.09)
$Duality$			0.001	-0.001
			(0.34)	(-0.24)
$Industry$	YES	YES	YES	YES
$Year$	YES	YES	YES	YES
Constant	0.149***	0.263***	0.275***	0.326***
	(9.09)	(10.99)	(3.90)	(3.15)
N	1420	1420	1420	1420
Adjusted R^2	0.444	0.605	0.577	0.626

注：***、**和*分别表示经过双尾检验在1%、5%和10%的水平下显著。Panel A 中括号内（外）为中位数（均值），Panel B 括号内为标准误经过异方差和年度/月度聚类调整后的稳健 t 值。

此外，本节还分析了企业上市前后的动态经营业绩。具体来看，本节构建了一个哑变量 AfterIPO，若处于企业 IPO 后的一年则为 1，否则为 0。然后利用 AfterIPO 和 BribingFirm 形成的交乘项对 ROA 和 ROE 进行回归分析，同时控制了行业和年度固定效应。表 3-12 的 Panel B 中报告了回归结果，BribingFirm × AfterIPO 的系数在 5% 和 10% 的水平下显著为负，这表明企业上市后行贿企业（相对于非行贿企业）的 ROA 和 ROE 均大幅下降。

总体来说，表 3-12 中的结果表明，就质量状况而言，行贿企业不一定不如非行贿企业。尽管行贿企业的经营业绩下降幅度明显更大，但这种下降主要取决于上市前的 ROA 和 ROE 过高（因为在上市前几年行贿企业的 ROA 和 ROE 明显高于非行贿企业），在上市后几年里两者之间并没有明显的不同。因此，对于企业上市前后经营业绩的回归结果并不支持企业质量假说。

二、经营波动性

如果行贿企业本质上是激进的，我们推测这种特征不仅会表现在 IPO 过程中，而且也会体现在日常运营中。假设企业不会频繁改变经营风格，本章研究了相关企业在上市前后几年主要财务指标的波动性。更具体地说，本章计算了企业上市前后共七年 ROE、ROA、Sales、Receivables、Cash 和 Leverage 的标准差（企业上市当年、企业上市前三年和上市后三年），并且在表 3-13 中列出了其平均值、中位数及其差异。

表 3-13　　　　　　　　主要财务指标的波动情况

变量	(1) 行贿企业	(2) 未行贿企业	(3) 均值和中位数差异
StdROE	0.133	0.112	0.020**
	[0.123]	[0.098]	[0.024***]

续表

变量	(1) 行贿企业	(2) 未行贿企业	(3) 均值和中位数差异
StdROA	0.073	0.063	0.010*
	[0.069]	[0.052]	[0.017***]
StdSales	0.310	0.240	0.070***
	[0.283]	[0.212]	[0.071***]
StdReceivables	0.138	0.107	0.031**
	[0.094]	[0.079]	[0.014**]
StdCash	0.127	0.099	0.027***
	[0.130]	[0.089]	[0.041***]
StdLeverage	0.126	0.112	0.015*
	[0.119]	[0.103]	[0.016*]

注：***、**和*分别表示经过双尾检验在1%、5%和10%的水平下显著，中括号内（外）为中位数（均值）。

总体而言，如表3-13第（3）列所示，行贿企业比非行贿企业财务指标的波动性更大。行贿企业的 *StdROE* 和 *StdROA* 明显更高，盈利波动性上的差异很可能是由销售波动性所引起的，因为行贿企业 *StdSales* 明显高于非行贿企业。*StdReceivables* 和 *StdCash* 的情况也类似，这表明行贿企业在销售活动中表现得更为激进。除了现金持有量的波动外，行贿企业的资本结构也不稳定。例如，其 *StdLeverage* 在10%的水平下要显著高于非行贿企业。因此，行贿企业在日常经营的多方面都比非行贿企业更为激进。

三、IPO 行贿与寻租成本

由于发行审核委员会的成员没有直接参与企业首次发行股票的定价，

第三章 上市行贿IPO企业新股定价及业绩表现

直觉上看拟上市企业似乎不太可能贿赂他们。① 相反，拟上市企业应该关心证券承销商，因为它们全权负责股票的定价过程，所以对于发行方来说最直接的方式就是给予证券承销商更高的中介费。为了衡量企业股票的承销费用，本章引入承销费用绝对值的对数 Ln（UnderwritingFee）和承销费用与总发行成本的比率 UnderwritingFee/Total 指标，并将结果列示在表3-14的第（1）和（2）列。其中，BribingFirm 的系数在1%的水平显著为正，这表明行贿企业给证券承销商的费用要高于非行贿企业。

表3-14 企业IPO过程中行贿和寻租成本

变量	(1) Ln (UnderwritingFee)	(2) UnderwritingFee/ Total	(3) Top1 Compensation	(4) Top3 Compensation
BribingFirm	0.187***	0.058***	0.171**	0.137*
	(3.55)	(5.34)	(2.10)	(1.91)
OfferSize	0.222***	0.038***	-0.084***	-0.091***
	(10.43)	(5.41)	(-3.25)	(-3.93)
TimeLag	-0.099	-0.032	0.028	0.024
	(-1.50)	(-1.60)	(0.44)	(0.43)
PVC	0.015	0.001	0.067	0.068
	(0.58)	(0.17)	(1.44)	(1.54)
Big4	-0.090	-0.030	0.270	0.217
	(-0.71)	(-1.01)	(1.07)	(0.89)
Age	0.000	0.000	0.011**	0.012**
	(0.09)	(0.10)	(2.26)	(2.44)
Size	0.540***	0.067***	0.486***	0.462***
	(13.19)	(8.14)	(9.64)	(9.65)
ROE	0.613***	0.128**	1.601***	1.478***
	(2.86)	(2.23)	(3.86)	(3.89)

---

① 1998年12月通过的《中华人民共和国证券法》规定，首次公开发行股票的价格应由发行方和证券承销商共同商定后交由中国证监会审核，但人们普遍认为证监会一直利用一些其他因素来抑制发行价格。然而，中国证监会从未发布过任何明确的规定。

续表

变量	(1) Ln (UnderwritingFee)	(2) UnderwritingFee/ Total	(3) Top1 Compensation	(4) Top3 Compensation
Leverage	-0.458***	-0.053	-0.735***	-0.718***
	(-3.35)	(-1.42)	(-3.73)	(-3.72)
Cash	0.080	0.005	0.178	0.263
	(0.83)	(0.14)	(0.92)	(1.39)
StdROE	0.420	0.019	0.189	0.402
	(1.06)	(0.16)	(0.34)	(0.73)
JonesDA	0.267	0.097**	-0.068	-0.037
	(1.54)	(2.07)	(-0.26)	(-0.16)
RoyREM	-0.003	-0.000	-0.169**	-0.158**
	(-0.06)	(-0.02)	(-2.46)	(-2.37)
SOE	0.066	0.040***	0.184	0.196*
	(1.36)	(2.85)	(1.55)	(1.85)
Top1	-0.000	0.000	-0.001	-0.001
	(-0.41)	(0.15)	(-0.46)	(-1.09)
Duality	-0.045	-0.023**	0.014	-0.012
	(-1.41)	(-2.54)	(0.24)	(-0.22)
Political	0.004	-0.002	-0.127***	-0.132***
	(0.17)	(-0.29)	(-2.98)	(-3.40)
Independent	-0.007	-0.007	0.184**	0.196***
	(-0.19)	(-0.64)	(2.51)	(2.83)
FinCenter	0.008	0.007	0.168***	0.184***
	(0.26)	(0.85)	(3.54)	(4.28)
Industry	YES	YES	YES	YES
Year/Month	YES	YES	YES	YES
Constant	-2.490***	-0.567***	2.879**	3.234***
	(-3.18)	(-3.15)	(2.56)	(3.05)
N	710	710	710	710
Adjusted R^2	0.486	0.270	0.313	0.342

注：***、**和*分别表示经过双尾检验在1%、5%和10%的水平下显著，括号内为标准误经过异方差和年度/月度聚类调整后的稳健t值。

此外，若企业成功上市，那么管理层也可以获得巨大的利益。企业通常会给予 IPO 团队丰厚的薪酬，这也反映出董事长和 CEO 为什么愿意冒险去贿赂发行审核委员会的委员。为了证实这一推断，本章引入新的被解释变量，$Top1\ Compensation$ 和 $Top3\ Compensation$。如表 3-14 中的第（3）和（4）列所示，$BribingFirm$ 的系数在 5% 和 10% 的水平上显著为正，这表明企业成功上市后行贿企业的管理层薪酬增长幅度要比非行贿企业大。

总之，表 3-14 中的结果表明，行贿企业为帮助企业上市的证券承销商和管理层支付了更多的报酬并贿赂审核委员，这两项行为均体现了企业的行为激进性。

四、IPO 行贿丑闻曝光后的市场反应

韩建旻和孙小波于 2017 年 8 月被捕（这两位官员是本章样本中行贿企业所贿赂的发行审核委员会委员），他们被捕的相关信息于 2017 年 10 月 30 日公开。因此，本章利用基于市场调整模型的股票超额回报率（CAR）这一变量来研究韩建旻和孙小波两位委员被逮捕所引起的市场反应。

本章关注的是这两位腐败委员所审核企业的股票价格反应，如图 3-2 所示，所有企业的股价都在下跌，但经韩建旻和孙小波审核的企业股价跌幅更大。表 3-15 中的统计数据和图 3-2 中的数据一致，这表明投资者十分担心被这两名腐败委员审核的上市企业的前景。此外，企业 IPO 过程中行贿丑闻的曝光对非行贿企业产生了负面的溢出效应。

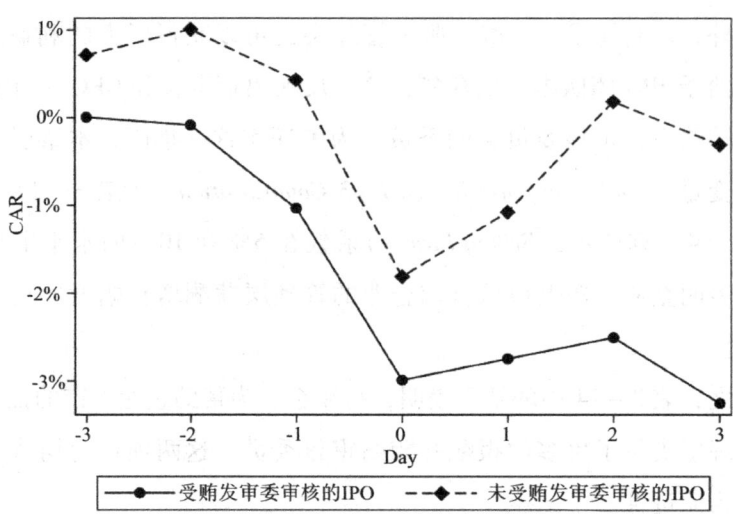

图 3-2　IPO 行贿丑闻曝光后的市场反应

表 3-15　　　　IPO 行贿丑闻曝光后的市场反应

变量	（1） 受贿发审委审核的 IPO	（2） 未受贿发审委审核的 IPO	（3） 均值和中位数差异
CAR [-1, 1]	-2.617***	-1.994***	-0.623
	[-3.236***]	[-2.817***]	[-0.419]
CAR [-2, 2]	-2.477***	-0.377	-2.100***
	[-3.166***]	[-1.916***]	[-1.249***]
CAR [-3, 3]	-3.226***	-0.353	-2.873***
	[-3.602***]	[-1.962***]	[-1.640***]

注：***、**和*分别表示经过双尾检验在1%、5%和10%的水平下显著，中括号内（外）为中位数（均值）。

第六节　稳健性检验

一、样本匹配

本章基准结果已经证实了行贿企业首次发行股票的定价过高。然而，一些非行贿企业也可能贿赂了监管人员，只不过没有被发现。换言之，恰恰是因为一些拟上市企业过于激进才被发现。因此，上述所描述的行贿企业和 IPO 抑价之间的关系可能是由行贿企业本身的激进性所导致的，接下来，本章使用两种方法来检测潜在的内生性。

首先，我们识别出在各个重要方面与行贿企业相类似的企业。对于样本中的每一家行贿企业，我们在非行贿企业中寻找到与这些行贿企业的资产状况和每股收益最相似的企业，然后按行业进行划分以便找到具有相似盈利能力、发展前景和经营风险的企业。我们对企业的账面资产和每股收益进行了比对，因为企业规模和历史盈利能力是发行审核委员会所考虑的首要因素。然后，利用基于行业、规模和盈利能力的对照组，重新对这些企业的 FDR 以及短期和长期 $CARs$ 进行回归分析，结果如表3-16 的 Panel A 所示。表3-16 的 Panel A 显示，$BribingFirm$ 的系数显著为负，这与表3-9 中的结果保持一致。

其次，基于表3-8 中所呈现的对企业行贿决定因素进行 Probit 回归分析所得出的结果，我们采用 PSM 方法构建了对照组。具体来看，对于所有在创业板上市的企业，我们都利用表3-8 中的 Probit 模型来计算倾向得分，然后使用倾向得分将每个行贿企业与其分数最接近的非行贿企业进行匹配。如表3-16 的 Panel B 所示，在企业的重要指标方面，匹配的非行贿企业与行贿企业并没有显著差异。表3-16 的 Panel C 表明在应用 PSM 方法后，$BribingFirm$ 的系数显著为负。因此，可以排除内生性问题对本章结论的干扰。

表 3-16　　样本匹配

Panel A：基于同行业内远似规模和盈利性 1∶1 匹配结果的稳健性检验

变量	(1) FDR	(2) FDR10	(3) FDR30	(4) CAR_D(1,10)	(5) CAR_D(1,20)	(6) CAR_D(1,60)	(7) CAR_M(0,12)	(8) CAR_M(0,24)	(9) CAR_M(0,36)
BribingFirm	-0.116**	-0.303***	-0.636***	-0.175***	-0.261***	-0.255***	-0.261*	-0.180	-0.193
	(-2.50)	(-4.23)	(-3.89)	(-2.89)	(-3.37)	(-3.25)	(-1.82)	(-1.10)	(-1.22)
Controls	YES	YES	YES	YES	YES	YES	YES	YES	YES
Industry	YES	YES	YES	YES	YES	YES	YES	YES	YES
Year/Month	YES	YES	YES	YES	YES	YES	YES	YES	YES
Constant	5.299**	2.690	2.941	-2.365	-2.317	-2.052	-0.310	-1.892	-0.110
	(2.60)	(1.31)	(0.58)	(-1.12)	(-0.93)	(-0.93)	(-0.16)	(-2.060)	(0.142)
								(-0.50)	(-0.04)
N	114	114	114	114	114	114	114	114	114
Adjusted R^2	0.272	0.502	0.388	0.411	0.379	0.354			

Panel B：PSM 的 1∶1 匹配后的效果检验

变量	行贿企业		未行贿企业		均值差异	p 值
	N	均值	N	均值		
Age	59	8.983	59	9.492	0.508	0.537
Size	59	19.407	59	19.360	-0.047	0.631
Leverage	59	0.377	59	0.351	-0.026	0.282
EPS	59	0.874	59	0.927	0.052	0.537
PVC	59	0.542	59	0.576	0.034	0.714
SOE	59	44.190	59	42.488	-1.702	0.573
Top1	59	0.051	59	0.085	0.034	0.468

续表

变量	行贿企业		未行贿企业		均值差异	p 值
	N	均值	N	均值		
	Panel B: PSM 的 1∶1 匹配后的效果检验					
Duality	59	0.525	59	0.508	−0.017	0.855
Education	59	0.966	59	0.966	0.000	1.000
Overseas	59	0.864	59	0.847	−0.017	0.795
Political	59	1.382	59	1.271	−0.111	0.364

Panel C: PSM 的 1∶1 匹配回归结果

变量	(1)	(2)	(3)	(4)	(5)	(6)	(7)	(8)	(9)
	FDR	FDR10	FDR30	CAR_D(1,10)	CAR_D(1,20)	CAR_D(1,60)	CAR_M(0,12)	CAR_M(0,24)	CAR_M(0,36)
BribingFirm	−0.098*	−0.321***	−0.901***	−0.212***	−0.379***	−0.418***	−0.311*	−0.334*	−0.372*
	(−1.70)	(−3.09)	(−3.42)	(−3.29)	(−3.56)	(−4.25)	(−1.72)	(−1.89)	(−1.93)
Controls	YES	YES	YES	YES	YES	YES	YES	YES	YES
Industry	YES	YES	YES	YES	YES	YES	YES	YES	YES
Year/Month	YES	YES	YES	YES	YES	YES	YES	YES	YES
Constant	3.038	−2.262	−12.982**	−5.167***	−8.005***	−8.278***	−8.599*	−10.168*	−7.637
	(1.67)	(−0.78)	(−2.15)	(−3.23)	(−3.30)	(−3.27)	(−1.93)	(−1.89)	(−1.38)
N	118	118	118	118	118	118	118	118	118
Adjusted R^2	0.220	0.396	0.421	0.569	0.480	0.471	0.179	0.172	0.239

注：***，** 和 * 分别表示经过双尾检验在 1%、5% 和 10% 的水平下显著，括号内为标准误差经过异方差和年度/月度聚类调整后的稳健 t 值。

二、行贿企业样本的完整性和代表性

内幕交易和贿赂等非法行为在资本市场中普遍存在（Meulbroek, 1992），因此对于本章样本构建的完整性和代表性也存在一些担忧。如前所述，样本中的一些非行贿企业可能也贿赂了监管人员，但反腐机构并没有发现。为了将此担忧的影响降至最低，我们假定所有由这两名腐败发审委委员审核的企业都进行了行贿。具体来看，我们构造了一个哑变量 *CorruptCommissioner*，若拟上市企业被韩建旻和孙小波中至少一人审核为1，否则为0。然后重新进行回归分析，并在表 3-17 的 Panel A 中报告了结果。可以看到，*CorruptCommissioner* 的系数始终为负且显著，这表明由这两位腐败委员所审核后成功上市的企业具有更低的 IPO 抑价。在行贿企业数量扩大的情况下依旧验证了本章的研究结果是稳健的。

此外，本章还对两位腐败委员审核过的216家企业进行了分析，发现有59家企业向发行审核委员会委员行贿，而其余157家企业并没有被发现存在贿赂行为（至少没有足够的证据）。因此，在表 3-17 的 Panel B 中，本章基于这59家行贿企业和157家非行贿企业进行了回归分析。结果显示 *BribingFirm* 的系数并不显著，因此本章所选取的样本具有较好的代表性。

表 3-17　对两名腐败委员审核企业的回归结果

Panel A：两位腐败委员和其他委员审核的所有企业 IPO 定价情况

变量	(1) FDR	(2) FDR10	(3) FDR30	(4) CAR_D(1,10)	(5) CAR_D(1,20)	(6) CAR_D(1,60)	(7) CAR_M(0,12)	(8) CAR_M(0,24)	(9) CAR_M(0,36)
CorruptCommissioner	-0.053*	-0.314***	-0.958***	-0.294***	-0.442***	-0.452***	-0.406***	-0.300**	-0.231**
	(-1.80)	(-6.27)	(-5.34)	(-7.28)	(-6.55)	(-6.89)	(-3.09)	(-2.63)	(-2.06)
Controls	YES	YES	YES	YES	YES	YES	YES	YES	YES
Industry	YES	YES	YES	YES	YES	YES	YES	YES	YES
Year/Month	YES	YES	YES	YES	YES	YES	YES	YES	YES
Constant	1.917***	0.412	3.462	-1.142	-0.266	0.577	6.340**	6.839***	9.351***
	(3.21)	(0.57)	(1.14)	(-1.65)	(-0.23)	(0.48)	(2.53)	(2.90)	(3.97)
N	710	710	710	710	710	710	710	710	710
Adjusted R^2	0.165	0.517	0.465	0.587	0.515	0.488	0.138	0.157	0.152

Panel B：两位腐败委员所审核的行贿企业和非行贿企业的 IPO 定价情况

变量	(1) FDR	(2) FDR10	(3) FDR30	(4) CAR_D(1,10)	(5) CAR_D(1,20)	(6) CAR_D(1,60)	(7) CAR_M(0,12)	(8) CAR_M(0,24)	(9) CAR_M(0,36)
BribingFirm	-0.028	-0.039	-0.091	-0.005	-0.031	-0.026	0.010	-0.053	-0.238*
	(-0.42)	(-0.48)	(-0.83)	(-0.12)	(-0.71)	(-0.43)	(0.11)	(-0.45)	(-1.81)
Controls	YES	YES	YES	YES	YES	YES	YES	YES	YES
Industry	YES	YES	YES	YES	YES	YES	YES	YES	YES
Year/Month	YES	YES	YES	YES	YES	YES	YES	YES	YES
Constant	1.465	-1.418	-4.281	-3.098**	-3.679***	-2.351*	-0.950	-0.189	6.165**
	(1.04)	(-0.69)	(-1.48)	(-2.51)	(-2.71)	(-1.70)	(-0.62)	(-0.08)	(2.24)
N	216	216	216	216	216	216	216	216	216
Adjusted R^2	0.109	0.058	0.099	0.212	0.161	0.119	0.175	0.200	0.335

注：***、** 和 * 分别表示经过双尾检验在 1%、5% 和 10% 的水平下显著，括号内为标准误经过异方差和年度/月度聚类调整后的稳健 t 值。

第七节　本章小结

2012年，一些申请在深圳证券交易所创业板上市的企业被发现向IPO审核人员行贿。根据最近披露的两名创业板审核委员（2019年被定罪）的受贿信息，本章识别出很多在上市过程中涉嫌行贿的企业，这为本章研究提供了原始数据。在此基础上，本章研究了上市行贿企业的IPO定价及其业绩表现情况，本章的主要结论可以概括为以下几点：（1）上市行贿企业年龄较小、规模较小、经营业绩更加不稳定，并且给予承销商和管理层更多的报酬，这从侧面反映出行贿企业为获得监管批准而采取了偏激的策略，并因此具有更高的申请上市通过率；（2）相对于非行贿企业而言，行贿企业IPO抑价较低，并且在发行日后股票表现较差，但行贿企业在上市前后的经营业绩并不比非行贿企业差；（3）当发行审核委员会委员因腐败而被公开定罪时，无论经他们审核的企业是否参与行贿，都将面临负面市场反应，但行贿企业受到的负面影响更严重。总体来看，本章的研究结果更贴合企业激进假说，即行贿企业的质量状况不比非行贿企业差，但这些企业的处事风格较为激进，从而导致它们在申请上市的激烈竞争中贿赂审核人员。然后，在发行审核委员会委员的庇护下，行贿企业为了尽可能地收回行贿成本而把股票的发行价抬高，并给予证券承销商和内部管理者更多的报酬。因此，行贿企业并没有像非行贿企业一样在股票发行日大幅压低股票价格。总之，对一些私人企业来说，上市带来的巨大好处促使他们投机取巧，由此导致了更低的IPO抑价。

本章的研究贡献主要体现在：

第一，拓展了有关IPO抑价的相关文献。先前的研究认为信息不对

第三章 上市行贿 IPO 企业新股定价及业绩表现

称(Rock, 1986; An and Chan, 2008; Peng et al., 2019; Zhang et al., 2020)、诉讼风险(Lin et al., 2013)、投资者情绪(Derrien, 2005; Ljungqvist et al., 2006; Gao et al., 2016)、信号传递(Allen and Faulhaber, 1989; Grinblatt and Hwang, 1989; Chemmanur and Fulghieri, 1997)、税收效率(Rydqvist, 1997)等解释了 IPO 抑价行为。但本章结论显示,行贿企业比非行贿企业更激进,这表明企业行为的激进性降低了 IPO 抑价。因此,本章发现了一个新的关于 IPO 抑价的影响因素。

第二,丰富了经济学中有关贿赂的相关文献(Beck and Maher, 1989; Bennedsen et al., 2011; Shleifer and Vishny, 1993; Svensson, 2003; Zeume, 2017; Cheung et al., 2020)。由于数据的局限,大多数研究都聚焦在贿赂对市场经济和特殊企业(涉及违法或行贿案件)的影响(Meulbroek, 1992; Cheung et al., 2020),但是本章研究同时考虑了行贿和非行贿企业。研究表明,行贿行为会促使申请上市的企业在首次发行股票的定价中过于激进,从而来弥补行贿成本,导致 IPO 抑价程度较低以及企业在上市后股票业绩不佳,其中,大量的资金从资本市场转移到证券承销商手中。而且,企业上市后相关监管人员因受贿被起诉的消息会产生溢出效应,对未行贿企业的股票收益率也会造成负面影响。总而言之,本章研究展现了上市企业、监管者、投资者这三方在行贿行为下的相互影响,同时对经济资源配置也有一定的启发。

同时,本章可能存在以下研究局限:第一,不太可能准确识别出全部的行贿企业。第二,在本章涉及的非行贿样本中,也可能存在以非现金形式进行行贿的企业。因此,本章研究无法将那些没有被发现或以非现金形式进行行贿的企业纳入研究结果中。未来可对此进行深入研究。

第四章 突击分红 IPO 企业新股定价及业绩表现

分配现金股利既是企业的基本财务政策,也是资本市场的基础性制度。股利政策是财务学研究的热门领域,大量文献探索了股利政策对股票价格的影响。以 Miller and Modigliani (1961) 为代表的学者支持"股利无关论",认为在满足特定假设的条件下,股利政策与股票价格无关。对应地,还有很多学者支持"股利相关论",认为股利发放会对企业股价产生影响 (Walter, 1963; Charest, 1978; Litzenberger and Ramaswamy, 1979; Easterbrook, 1984)。然而,这些研究都是围绕企业上市后的股票价值所展开的,很少有研究关注企业上市前的股利分配对资产定价的影响。

从理论上讲,筹集资金应该是企业上市最主要的目的 (Ritter and Welch, 2002)。但在实践中,有一定数量的企业在上市前发放现金股利,并且金额较大,引发了巨大争议。例如,松霖科技和公牛集团在其招股说明书中列示的报告期最近一年分红总额分别为 5.42 亿元和 22 亿元。据此,本章绘制了图 4-1,反映上市前分红与未分红企业按年度分布情况。可以看到,不少 IPO 企业选择在上市前分红,而且占同期所有 IPO 企业的比例超过 1/5。图 4-1 的结果直观地表明上市前发放股利已成为资本市场中较为普遍的现象。令人困惑的是,企业上市前分配现金股利会导致现金流出,与企业上市融资的目的相悖,那么,企业为什么选择在上

第四章　突击分红 IPO 企业新股定价及业绩表现

市前发放现金股利呢？

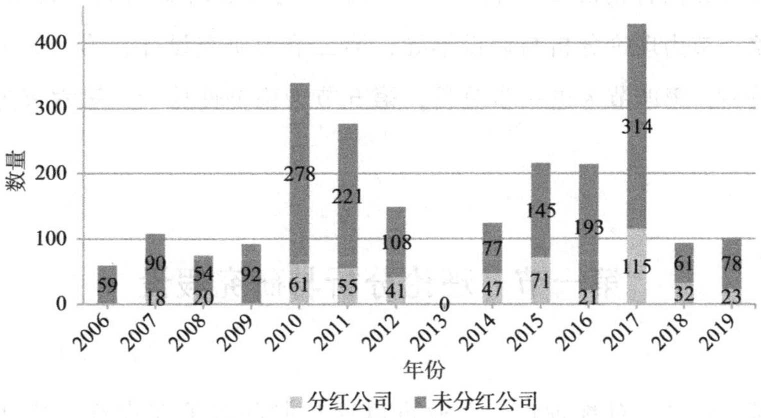

图 4-1　上市前分红企业与未分红企业年度分布情况

本章将在中国情景下研究上市前突击分红企业的新股发行定价及其业绩表现。事实上，中国情景下的研究有助于解决企业上市前分红之谜，主要是因为：第一，中国上市企业在上市后面临证监会半强制分红政策的监管压力，如果它们想要再融资，就必须向股东支付现金股利（李常青等，2010；Yang et al.，2020）。然而，中国证监会对企业上市前的股利政策并不十分关注，这一反差为本章的研究提供了空间。第二，作为世界上最大的新兴经济体，中国上市企业的数量逐年稳步增长。基于本章的描述性统计数据，在中国，超过 1/5 的企业在上市前一年向股东分配现金股利，这与美国等发达国家的企业行为相当（Martin and Zeckhauser，2011）。在此基础上，以中国为研究场景有助于补充来自新兴经济体的经验证据。第三，中国资本市场存在大量的散户投资者，投资者获取拟上市企业信息的渠道有限（Ru et al.，2020；张光利等，2021），因此更容易受到股利政策等信号的影响。

因此，本章以 2006—2019 年中国 A 股上市企业为样本，通过手工收集的上市前股利政策数据，识别企业上市前是否分配现金股利，进而筛选出上市前分红企业，实证检验上市前发放现金股利对新股发行定价的影响以及在何种情况下企业会选择在上市前发放现金股利。具体来看，本章第一节为理论分析与假设推导，第二节为研究设计，第三节为实证结果分析，第四节为进一步分析，第五节为稳健性检验，第六节为本章小结。

第一节 理论分析与研究假设

基于信息不对称理论，企业可以通过股利政策向投资者传递信息（Miller and Rock，1985）。这些信息不仅预示企业未来盈利能力较强（Bhattacharya，1979），还预示企业未来代理问题较少（Dewenter and Warther，1998）。在此基础上，Michaely et al.（1995）和 Officer（2011）的研究表明，股利公告具有积极的市场反应。股利公告带来的积极市场反应有助于企业通过较少的所有权稀释筹集更多的资金。但是，股利在传递内部信息的同时还具有高成本的特性。一方面，对于企业而言，支付现金股利意味着在未来筹集资金时将产生交易成本；另一方面，对于股东而言，股利收益税通常高于资本利得税。因此，企业需要平衡发放现金股利的积极市场反应和高成本。特别地，John and Williams（1985）发现，在均衡条件下，当且仅当企业及其现有股东对现金的需求超过内部的现金供给时，企业才会公告派发现金股利。

对于处在不同发展阶段的企业而言，其分配股利的动机和经济后果可能不同（Bulan et al.，2007）。不同于上市后分配现金股利，关注企业上市前分红行为的研究较少，特别是在中国情景下。借助已有的分析上市后分派现金股利的文献，本章通过理论分析来解释中国企业上市前分红之谜，并推导其对新股发行定价的潜在影响。由于 IPO 抑价与发行价格和交易价格相关,因此其中包含发行人和投资者对股票价值的看法,在此基础上,本章提出企业质量假说和积极信号假说。

基于企业质量假说,本章认为,质量差的企业把上市前发放现金股利作为短期战略选择,为自身宣传造势,伪造良好形象,误导投资者。在竞争激烈的中国 IPO 市场中,一旦缺乏高质量的基本面业绩支撑,低质量的企业将难以超越其他企业,容易导致融资失败(Huang et al., 2021)。这时企业选择发放现金股利,预期投资者会像对待上市后的股利一样,对上市前的股利也进行积极的解读,能有效帮助企业避免 IPO 融资失败。在定价方面,由于上市前发放现金股利导致资金流出企业,并且对于低质量的企业而言,发放现金股利只是短期战略选择。相比于未发放股利的企业,发放股利的企业会通过提高新股发行定价的方式弥补现金流出。因此,低质量的企业试图在短期内发放现金股利掩盖自身劣势,误导投资者,并通过提高定价的方式收回股利成本,最终表现为 IPO 抑价偏低。

基于积极信号假说,本章认为,企业上市前发放现金股利是为了在激烈的 IPO 市场竞争中脱颖而出。中国的 IPO 市场竞争十分激烈,拟上市企业之间不太可能存在明显的基本面质量差异。因此,上市前分配现金股利的企业本身的质量并不差,它们出于区别于竞争对手的目的通过现金股利向市场传递积极信号。在定价方面,现金股利能向外传递企业盈利性的信息(Bhattacharya,1979),避免融资失败(Aggarwal et al., 2012),进而降低信息不对称程度,于是企业不需要折价发行股票。此外,股利是许多估值模型中的重要因素(Ohlson, 2001;Hand and Landsman,2005),上市前发放现金股利提高了投资者对股票价值的预期,而且减少了 IPO 估值中的不确定因素。因此,企业通过在上市前发放现金股利向市场传递积极信号,区别于竞争对手,并提高投资者对股票估值的预期,降低了信息不对称,使投资者可以接受更高的 IPO 定价,最终表现为 IPO 抑价偏低。

无论是企业质量假说还是积极信号假说，均表明上市前发放现金股利企业的 IPO 抑价更低。然而，两个假说的内在逻辑是不一致的。如果企业质量假说成立，预期在上市前，发放现金股利的企业具有更差的基本面业绩表现。综上，本章提出如下假设：

假设 4-1：相比于上市前未发放股利的企业，上市前发放股利的企业 IPO 抑价更低。

第二节　研究设计

一、数据与样本

本章使用的股利政策原始数据来自国泰安 CSMAR 数据库，并经手工对照招股说明书核对和补充得到。其余资本市场和企业财务数据均来自国泰安 CSMAR 数据库。本章的初始样本包括 2006—2019 年中国 A 股上市企业。在研究时本章对初始样本进行了如下处理：（1）剔除金融类企业；（2）剔除 ST 类企业；（3）剔除数据缺失的样本。最终得到 2274 个企业样本，包含 504 家上市前分红企业，约占 22.16%。表 4-1 从上市板块和行业两个维度展示了其分布情况。可以看出，本章的样本囊括了主板、中小板和创业板企业，并且上市前分红企业较多地分布在创业板市场。同时，在行业分布方面，上市前分红企业主要集中在制造业和信息科技业，其他行业分布比较零散。另外，考虑到极端值的影响，本章对所有连续变量采取了上下 1% 的缩尾处理。

第四章 突击分红 IPO 企业新股定价及业绩表现

表 4-1　　　　　　　　　　样本分布

	\multicolumn{6}{c}{Panel A：按上市板块分布}					
上市板块	上市前分红企业		上市前未分红企业		全样本	
	N	%	N	%	N	%
创业板	182	36.11	597	33.73	779	34.25
中小板	170	33.73	697	39.38	867	38.13
主板	152	30.16	476	26.89	628	27.62
合计	504	100	1770	100	2274	100
	\multicolumn{6}{c}{Panel B：按行业分布}					
行业	上市前分红企业		上市前未分红企业		全样本	
	N	%	N	%	N	%
制造业	353	70.04	1257	71.01	1610	70.80
信息科技业	54	10.72	181	10.23	235	10.34
建筑业	12	2.38	52	2.94	64	2.81
批发和零售业	11	2.18	47	2.66	58	2.55
交通运输和仓储业	10	1.98	33	1.86	43	1.89
科学研究与技术服务业	8	1.59	32	1.81	40	1.76
公共设施管理业	11	2.18	26	1.47	37	1.63
文化、体育和娱乐业	11	2.18	26	1.47	37	1.63
商务服务业	12	2.38	25	1.41	37	1.63
采矿业	9	1.79	24	1.36	33	1.45
自然资源供应业	5	0.99	26	1.47	31	1.36
农业	4	0.79	19	1.07	23	1.01
房地产业	2	0.40	10	0.56	12	0.53
教育业	2	0.40	4	0.23	6	0.26
其他行业	0	0.00	8	0.45	8	0.35
合计	504	100	1770	100	2274	100

二、模型与变量

为了检验上市前发放股利对 IPO 抑价的影响，本章使用以下多元回归模型：

$$FDR_i = \alpha_0 + \alpha_1 Dividend_i + Controls_i + Industry_i + Year + \varepsilon \quad (4-1)$$

FDR表示上市回报率，该值越大，说明IPO抑价越高。作为对比，本章同时考察了经市场收益率调整的上市回报率AdjFDR（Chan et al.，2004；Huang et al.，2021）。Dividend是哑变量，若企业在上市前一年派发现金股利，该值为1，否则为0。本章还在模型中添加了一系列控制变量：发行规模（IPOSize）、招股时间间隔（TimeLag）、风险投资（PVC）、会计师事务所（Big4）、企业年龄（Age）、企业规模（Size）、资产负债率（Lev）、资产报酬率（ROA）、成长能力（Growth）、现金流量（OCF）以及内部人持股比例（InsiderOwnership）。相关变量的符号和定义详见表4-2。另外，本章还在回归模型（4-1）中考虑了行业和年度固定效应。

表4-2　　　　　　　　　　变量定义表

变量	定义
FDR	（IPO首日收盘价-发行价）/发行价
AdjFDR	FDR-综合A股市场的首日平均收益率
FDR10（30）	[IPO后10（30）日平均收盘价-发行价]/发行价
AdjFDR10（30）	FDR10（30）-综合A股市场的首10（30）日平均收益率
Growth（B/A, y）	上市前（后）y年的平均销售收入增长率
ROA（B/A, y）	上市前（后）y年的平均资产报酬率
ROE（B/A, y）	上市前（后）y年的平均净资产收益率
CAR_D（1, d）	市场模型计算的上市后1到d天的超额收益率
BHAR_M（0, m）	上市后0到m月的持有超额收益率
DPS（A, y）	上市后y年的平均每股现金股利
DPR（A, y）	上市后y年的平均股利支付率
Analyst（A, y）	上市后y年的平均分析师关注度
Report（A, y）	上市后y年的平均研报关注度
Dividend	若企业在上市前一年发放现金股利为1，否则为0
PreDPS	上市前一年的每股现金股利

续表

变量	定义
PreDPR	上市前一年的股利支付率
IPOSize	Ln（IPO筹资额）
TimeLag	Ln（1+招股说明书披露日至上市日间隔天数）
PVC	若企业存在私募或风投为1，否则为0
Big4	若企业由四大会计师事务所审计为1，否则为0
Age	上市年份 - 成立年份
Size	Ln 上市前一年总资产
Lev	上市前一年总负债/上市前一年总资产
ROA	上市前一年净利润/上市前一年总资产
ROE	上市前一年净利润/上市前一年所有者权益
Growth	上市前一年的销售收入增长率
OCF	上市前一年经营现金净流量/上市前一年总资产
InsiderOwnership	董监高持股比例
Industry	根据证监会2012版行业分类设置的虚拟变量
Year	根据年度设置的虚拟变量

第三节 实证结果分析

一、单变量分析

表4-3列示了本章主要变量的单变量分析结果。可以看到，上市前分红企业的上市回报率（FDR）均值为0.452。相比之下，上市前未分红企业的上市回报率（FDR）均值为0.527。二者均值的差异显著为负，该结果初步表明，上市前分红企业的IPO抑价低于上市前未分红企业。同时，根据AdjFDR的结果也能得到类似的结论。除了IPO定价方面的差异，表4-3还列示了上市前分红企业与上市前未分红企业其他方面的差

异。可以看到，上市前分红企业的企业年龄（Age）更大并且成长性（Growth）更好，但在资产报酬率（ROA）和净资产收益率（ROE）上，两类企业没有显著差异。这一结果初步表明，上市前分红企业的质量并不是特别差。

表4-3　　　　　　　　　　单变量分析

变量	(1) 上市前分红企业	(2) 上市前未分红企业	(3) 均值和中位数差异
FDR	0.452	0.527	-0.075***
	[0.440]	[0.440]	[-0.000]
AdjFDR	0.450	0.527	-0.076***
	[0.432]	[0.436]	[-0.004***]
IPOSize	8.396	8.341	0.055
	[8.006]	[8.006]	[0.000]
TimeLag	3.084	3.081	0.003
	[3.091]	[3.091]	[0.000]
PVC	0.601	0.527	0.075***
	[1.000]	[1.000]	[0.000***]
Big4	0.046	0.040	0.006
	[0.000]	[0.000]	[0.000]
Age	11.681	10.944	0.737**
	[11.000]	[10.000]	[1.000***]
Size	20.224	20.245	-0.022
	[20.135]	[20.111]	[0.024]
Lev	0.434	0.444	-0.010
	[0.430]	[0.448]	[-0.018]
ROA	0.133	0.130	0.002
	[0.121]	[0.119]	[0.002]
ROE	0.234	0.234	0.000
	[0.216]	[0.220]	[-0.004]

第四章 突击分红 IPO 企业新股定价及业绩表现

续表

变量	(1) 上市前分红企业	(2) 上市前未分红企业	(3) 均值和中位数差异
Growth	0.335	0.209	0.125***
	[0.243]	[0.168]	[0.075***]
OCF	0.122	0.115	0.007
	[0.122]	[0.109]	[0.013*]
InsiderOwnership	0.280	0.274	0.005
	[0.249]	[0.246]	[0.003]

注：***、**和*分别表示经过双尾检验在1%、5%和10%的水平下显著，中括号内（外）为中位数（均值）。

二、多元回归结果

表4-4列示了本章的主回归结果。其中，第（1）列和第（2）列未考虑行业和年度固定效应，第（3）列和第（4）列中包含所有控制变量并考虑了行业和年度固定效应。可以发现，表4-4中第（1）至（4）列 Dividend 的系数分别为 -0.070、-0.071、-0.040 和 -0.042，并且均在1%的水平下显著。以第（3）列的结果为例，该结果表明上市前分红企业的平均 IPO 抑价比上市前未分红企业低4%。其余各列的结果同样具有统计意义和经济意义。表4-4的结果验证了假设4-1，即相比于上市前未发放股利的企业，上市前发放股利的企业 IPO 抑价更低，说明企业上市前分配股利的行为会对新股发行定价造成影响。

表4-4　　　　上市前发放股利对 IPO 抑价的影响

变量	(1) FDR	(2) AdjFDR	(3) FDR	(4) AdjFDR
Dividend	-0.070***	-0.071***	-0.040***	-0.042***
	(-3.71)	(-3.83)	(-5.77)	(-5.94)

续表

变量	(1) FDR	(2) AdjFDR	(3) FDR	(4) AdjFDR
IPOSize	-0.035***	-0.034***	-0.021	-0.021
	(-4.75)	(-4.73)	(-1.55)	(-1.66)
TimeLag	0.152***	0.149***	0.082***	0.078***
	(8.34)	(8.33)	(3.92)	(3.78)
PVC	-0.145***	-0.147***	-0.012**	-0.013**
	(-13.78)	(-13.90)	(-2.29)	(-2.49)
Big4	0.148**	0.144**	0.047	0.043
	(2.77)	(2.69)	(0.92)	(0.86)
Age	-0.009***	-0.009***	0.001	0.001
	(-4.99)	(-4.82)	(1.67)	(1.70)
Size	-0.086***	-0.086***	-0.051***	-0.049***
	(-7.57)	(-7.48)	(-6.33)	(-5.90)
Lev	-0.098*	-0.092	-0.129***	-0.129***
	(-1.80)	(-1.71)	(-3.21)	(-3.28)
ROA	-0.671**	-0.665**	-0.634***	-0.634***
	(-2.73)	(-2.74)	(-3.39)	(-3.44)
Growth	0.151***	0.152***	0.082***	0.082***
	(5.11)	(5.19)	(3.86)	(3.90)
OCF	-0.802***	-0.792***	-0.102	-0.096
	(-8.23)	(-8.12)	(-1.06)	(-0.99)
InsiderOwnership	-0.393***	-0.391***	-0.060**	-0.059**
	(-15.41)	(-15.54)	(-2.63)	(-2.56)
Industry	NO	NO	YES	YES
Year	NO	NO	YES	YES
Constant	2.562***	2.560***	2.042***	2.033***
	(10.31)	(10.32)	(16.09)	(14.98)
N	2274	2274	2274	2274
Adjusted R^2	0.168	0.168	0.545	0.544

注：***、**和*分别表示经过双尾检验在1%、5%和10%的水平下显著，括号内为标准误经过异方差和行业聚类调整后的稳健 t 值。

在控制变量方面，当控制变量的系数显著时，结果符合预期。例如，Size 的系数均显著为负，意味着当企业规模越大时，IPO 抑价越低。Size、TimeLag 的系数符号和直觉一致，因为它们可以反映 IPO 企业的不确定性。例如，规模大、招股时间间隔短的企业不确定性程度更低，因此企业不需要给予投资者过多的抑价补偿。

三、增长能力和盈利能力的调节作用

在主回归中，本章检验了企业上市前分配现金股利与 IPO 抑价之间的负向关系。为了进一步识别上述关系的假设基础是企业质量假说还是积极信号假说，本章按照企业上市前一年的增长能力和盈利能力将样本分组。具体来看，本章分别依据上市前一年的企业成长性（Growth）和资产报酬率（ROA）的中位数将样本分为增长能力强和增长能力弱、盈利能力强和盈利能力弱的两组。表 4-5 列示了基于企业增长能力和盈利能力调节作用的分析结果。

表 4-5　　　　上市前增长能力和盈利能力的调节作用

变量		Panel A：单变量分析		
		(1) 上市前分红企业	(2) 上市前未分红企业	(3) 均值和中位数差异
Growth_High = 1	FDR	0.451	0.580	-0.128***
		[0.440]	[0.440]	[-0.000**]
	AdjFDR	0.451	0.578	-0.128***
		[0.432]	[0.436]	[-0.004***]
Growth_High = 0	FDR	0.454	0.473	-0.019
		[0.440]	[0.440]	[-0.000]
	AdjFDR	0.450	0.473	-0.022
		[0.432]	[0.436]	[-0.004]

续表

	Panel A：单变量分析		
变量	（1）	（2）	（3）
	上市前分红企业	上市前未分红企业	均值和中位数差异
ROA_High = 1　FDR	0.386	0.487	-0.101***
	[0.440]	[0.440]	[-0.000*]
ROA_High = 1　AdjFDR	0.383	0.486	-0.103***
	[0.432]	[0.436]	[-0.004***]
ROA_High = 0　FDR	0.523	0.567	-0.045
	[0.440]	[0.440]	[-0.000]
ROA_High = 0　AdjFDR	0.521	0.567	-0.046
	[0.432]	[0.436]	[-0.004]

	Panel B：基于成长性（Growth）的回归分析			
	Growth_High = 1		Growth_High = 0	
变量	（1）	（2）	（3）	（4）
	FDR	AdjFDR	FDR	AdjFDR
Dividend	-0.048***	-0.051***	-0.010	-0.009
	(-5.22)	(-5.18)	(-0.62)	(-0.62)
Controls	YES	YES	YES	YES
Industry	YES	YES	YES	YES
Year	YES	YES	YES	YES
Constant	1.772***	1.752***	2.255***	2.248***
	(10.47)	(10.28)	(6.78)	(6.59)
N	1140	1140	1134	1134
Adjusted R^2	0.517	0.515	0.553	0.552

	Panel C：基于资产报酬率（ROA）的回归分析			
	ROA_High = 1		ROA_High = 0	
变量	（1）	（2）	（3）	（4）
	FDR	AdjFDR	FDR	AdjFDR
Dividend	-0.032*	-0.034**	-0.024	-0.025
	(-1.94)	(-2.15)	(-1.54)	(-1.63)

续表

变量	Panel C：基于资产报酬率（ROA）的回归分析			
	ROA_High = 1		ROA_High = 0	
	(1)	(2)	(3)	(4)
	FDR	AdjFDR	FDR	AdjFDR
Controls	YES	YES	YES	YES
Industry	YES	YES	YES	YES
Year	YES	YES	YES	YES
Constant	2.608***	2.589***	1.979***	1.972***
	(14.82)	(14.05)	(8.80)	(8.61)
N	1137	1137	1137	1137
Adjusted R^2	0.574	0.574	0.528	0.526

注：***、**和*分别表示经过双尾检验在1%、5%和10%的水平下显著。Panel A 中括号内（外）为中位数（均值），Panel B 和 Panel C 括号内为标准误经过异方差和行业聚类调整后的稳健 t 值。

表4-5的 Panel A 列示了单变量分析结果。可以发现，两组企业的 IPO 抑价仅在增长能力和盈利能力较强时表现出显著差异。表4-5的 Panel B 和 Panel C 分别列示了基于 IPO 前成长性（Growth）和 IPO 前资产报酬率（ROA）的回归结果。这两个回归结果分别显示，在企业增长能力和盈利能力强的子样本中，Dividend 的系数为负且显著，而在企业增长能力和盈利能力弱的子样本中，Dividend 的系数均不显著。总体来看，表4-5的结果说明上市前发放股利对 IPO 抑价的影响更集中表现在增长能力和盈利能力强的企业，表明上市前分红企业的质量并不差，从而否定了企业质量假说。

第四节 进一步分析

一、上市前后会计业绩表现

在这一部分，本章针对上市前发放股利和上市前未发放股利企业的上市前后会计业绩表现进行分析。具体来看，本章选择成长性（Growth）、资产报酬率（ROA）和净资产收益率（ROE）三个指标度量企业会计业绩表现，并替换模型（4-1）中的被解释变量。结果列示在表4-6中。表4-6的Panel A列示了单变量分析的结果。可以看到，与表4-3的结论一致，相比于上市前未发放股利企业，上市前发放股利企业的成长性（Growth）更好，但资产报酬率（ROA）和净资产收益率（ROE）不存在显著差异。但是，在上市之后，无论是成长性（Growth）、资产报酬率（ROA）还是净资产收益率（ROE），上市前发放股利企业均表现得更好。

表4-6　　　　　　　　上市前后的会计业绩表现

变量	Panel A：单变量分析		
	(1) 上市前分红企业	(2) 上市前未分红企业	(3) 均值和中位数差异
$Growth(B,1)$	0.335	0.209	0.125***
	[0.243]	[0.168]	[0.075***]
$ROA(B,1)$	0.133	0.130	0.002
	[0.121]	[0.119]	[0.002]
$ROE(B,1)$	0.234	0.234	0.000
	[0.216]	[0.220]	[-0.004]
$Growth(A,1)$	0.251	0.209	0.042**
	[0.179]	[0.146]	[0.033*]

续表

	Panel A：单变量分析		
变量	(1)	(2)	(3)
	上市前分红企业	上市前未分红企业	均值和中位数差异
ROA(A,1)	0.066	0.064	0.003
	[0.060]	[0.060]	[0.000]
ROE(A,1)	0.097	0.091	0.006**
	[0.091]	[0.087]	[0.004*]
Growth(A,3)	0.251	0.307	-0.056
	[0.185]	[0.169]	[0.016*]
ROA(A,3)	0.061	0.056	0.005**
	[0.057]	[0.054]	[0.003*]
ROE(A,3)	0.090	0.082	0.007**
	[0.089]	[0.080]	[0.008***]

	Panel B：基于上市前会计业绩表现的回归分析		
变量	(1)	(2)	(3)
	Growth(B,1)	ROA(B,1)	ROE(B,1)
Dividend	0.137***	0.001	0.002
	(8.04)	(0.55)	(0.62)
Controls	YES	YES	YES
Industry	YES	YES	YES
Year	YES	YES	YES
Constant	0.367*	0.302***	0.343***
	(2.00)	(6.47)	(3.86)
N	2274	2274	2274
Adjusted R^2	0.123	0.585	0.357

	Panel C：基于上市后会计业绩表现的回归分析					
变量	(1)	(2)	(3)	(4)	(5)	(6)
	Growth(A,1)	ROA(A,1)	ROE(A,1)	Growth(A,3)	ROA(A,3)	ROE(A,3)
Dividend	0.032***	0.003***	0.006***	-0.003	0.005***	0.008***
	(4.68)	(3.01)	(3.46)	(-0.08)	(4.30)	(3.60)

续表

	Panel C：基于上市后会计业绩表现的回归分析					
变量	(1)	(2)	(3)	(4)	(5)	(6)
	$Growth(A,1)$	$ROA(A,1)$	$ROE(A,1)$	$Growth(A,3)$	$ROA(A,3)$	$ROE(A,3)$
Controls	YES	YES	YES	YES	YES	YES
Industry	YES	YES	YES	YES	YES	YES
Year	YES	YES	YES	YES	YES	YES
Constant	0.969***	0.024	-0.059	3.674***	-0.040***	-0.153***
	(6.18)	(0.81)	(-1.47)	(6.08)	(-3.27)	(-7.46)
N	2274	2274	2274	2079	2079	2079
Adjusted R^2	0.072	0.219	0.121	0.003	0.208	0.121

注：***、**和*分别表示经过双尾检验在1%、5%和10%的水平下显著。Panel A 中括号内（外）为中位数（均值），Panel B 和 Panel C 括号内为标准误经过异方差和行业聚类调整后的稳健 t 值。

表4-6的 Panel B 列示了基于上市前会计业绩表现的回归结果。与单变量分析的结果一致，$Dividend$ 对成长性（$Growth$）的回归系数显著为正，但对资产报酬率（ROA）和净资产收益率（ROE）的回归系数均不显著。类似地，表4-6的 Panel C 列示了基于上市后会计业绩表现的回归结果。结果显示，除了第（4）列，其余各列 $Dividend$ 的系数均在1%的水平下显著为正，说明上市前发放股利的企业在上市后具有更好的会计业绩表现。总之，表4-6的结果也否定了企业质量假说，表明上市前分红企业的质量并不差。

二、上市后市场业绩表现

本章还针对上市前发放股利和上市前未发放股利企业的上市后市场业绩表现进行分析。具体来看，本章选择使用短期超额收益率（CAR）和长期超额收益率（$BHAR$）度量企业市场业绩表现，并替换模型（4-1）

中的被解释变量。结果列示在表 4-7 中。

表 4-7　　　　　　　　　上市后的市场业绩表现

	Panel A：单变量分析		
变量	(1) 上市前分红企业	(2) 上市前未分红企业	(3) 均值和中位数差异
$CAR\_D(1,10)$	0.395	0.354	0.041*
	[0.333]	[0.146]	[0.186*]
$CAR\_D(1,30)$	0.440	0.397	0.043
	[0.291]	[0.153]	[0.138**]
$CAR\_D(1,60)$	0.400	0.360	0.040
	[0.270]	[0.160]	[0.110**]
$BHAR\_M(0,12)$	0.310	0.217	0.093*
	[0.047]	[-0.028]	[0.075**]
$BHAR\_M(0,24)$	0.135	0.072	0.064
	[-0.079]	[-0.120]	[0.042]
$BHAR\_M(0,36)$	-0.157	-0.196	0.039
	[-0.232]	[-0.264]	[0.033]

	Panel B：回归分析					
变量	(1) CAR_D (1,10)	(2) CAR_D (1,30)	(3) CAR_D (1,60)	(4) $BHAR\_M$ (0,12)	(5) $BHAR\_M$ (0,24)	(6) $BHAR\_M$ (0,36)
$Dividend$	0.083**	0.120***	0.133***	0.152*	0.116	0.105
	(2.73)	(3.44)	(3.31)	(1.78)	(1.57)	(1.08)
$Controls$	YES	YES	YES	YES	YES	YES
$Industry$	YES	YES	YES	YES	YES	YES
$Month$	YES	YES	YES	YES	YES	YES
Constant	0.579**	1.017***	0.956**	1.263*	0.468	-0.428
	(2.55)	(2.98)	(2.94)	(2.07)	(1.13)	(-0.51)
N	2274	2274	2274	2274	2274	2173
Adjusted R^2	0.335	0.291	0.291	0.215	0.156	0.130

注：***、**和*分别表示经过双尾检验在1%、5%和10%的水平下显著。Panel A 中括号内（外）为中位数（均值），Panel B 括号内为标准误经过异方差和行业聚类调整后的稳健 t 值。

表 4-7 的 Panel A 和 Panel B 分别列示了单变量分析和回归分析的结果。结果显示，相比于上市前未发放股利的企业，上市前发放股利企业上市后 10 天、30 天、60 天的短期超额收益率（CAR）以及上市后 1 年的长期超额收益率（$BHAR$）显著更好。虽然上市后 2 年和 3 年的长期超额收益率（$BHAR$）之间的单变量差异和回归系数的符号符合预期，但在统计上并不显著。总体来说，上市后市场业绩表现的结果为积极信号假说提供了进一步的证据，说明上市前分配现金股利是为了向市场传递积极信号，使企业获得短期和长期积极的市场反应。

三、上市后分红情况

如果上市前发放现金股利是低质量企业的短期战略行为，那么，这类企业不太可能持续发放现金股利。相反，如果积极信号假说成立，上市前发放现金股利的企业更有可能在上市后也持续发放现金股利。为了检验这一猜想，本章构造了两个新变量 $DPS(A, y)$ 和 $DPR(A, y)$，分别表示上市后 y 年内平均每股现金股利和股利支付率，并替换模型 (4-1) 中的被解释变量，结果列示在表 4-8 中。

表 4-8 的 Panel A 列示了单变量分析的结果。结果显示，相比于上市前不分红的企业，上市前分红企业在上市后的每股现金股利和股利支付率更高。从表 4-8 的 Panel B 的结果可以发现，$Dividend$ 的系数至少在 10% 的水平下显著为正。总之，表 4-8 表明，上市前分红企业的分红行为具有连贯性，是采取持续稳定股利政策的优质企业。因此，表 4-8 的结果否定了企业质量假说，为积极信号假说增添了证据。

表 4–8 上市后的分红情况

	Panel A：单变量分析		
变量	(1) 上市前分红企业	(2) 上市前未分红企业	(3) 均值和中位数差异
$DPS(A,1)$	0.201	0.185	0.017*
	[0.150]	[0.120]	[0.030*]
$DPR(A,1)$	0.350	0.322	0.028**
	[0.300]	[0.291]	[0.009*]
$DPS(A,3)$	0.159	0.141	0.019**
	[0.107]	[0.100]	[0.007*]
$DPR(A,3)$	0.342	0.328	0.014
	[0.279]	[0.289]	[-0.010]
$DPS(A,5)$	0.128	0.113	0.015
	[0.091]	[0.080]	[0.011]
$DPR(A,5)$	0.349	0.337	0.012
	[0.293]	[0.286]	[0.008]

	Panel B：回归分析					
变量	(1) $DPS(A,1)$	(2) $DPR(A,1)$	(3) $DPS(A,3)$	(4) $DPR(A,3)$	(5) $DPS(A,5)$	(6) $DPR(A,5)$
Dividend	0.016*	0.032**	0.020***	0.019**	0.021**	0.016**
	(2.00)	(2.93)	(3.89)	(2.15)	(2.61)	(2.27)
Controls	YES	YES	YES	YES	YES	YES
Industry	YES	YES	YES	YES	YES	YES
Year	YES	YES	YES	YES	YES	YES
Constant	-0.895***	0.007	-1.360***	0.186	-0.963***	0.176
	(-6.73)	(0.07)	(-12.21)	(1.17)	(-15.30)	(0.90)
N	2226	2226	1848	1848	1100	1100
Adjusted R^2	0.201	0.070	0.221	0.079	0.196	0.067

注：***、**和*分别表示经过双尾检验在1%、5%和10%的水平下显著。Panel A 中括号内（外）为中位数（均值），Panel B 括号内为标准误经过异方差和行业聚类调整后的稳健 t 值。

四、上市后分析师报道情况

作为资本市场重要的信息中介,分析师对企业的股利政策保持关注(Eky and Mande,1996),发放现金股利的企业理论上会受到更多的分析师关注。于是,本章进一步检验了上市前发放股利企业与上市前未发放股利企业在上市后的分析师报道情况。具体来看,本章构造了两个新变量 $Analyst(A,y)$ 和 $Report(A,y)$,分别表示上市后 y 年内平均分析师报道数量和研报数量,结果列示在表4-9中。

表4-9　　　　　　　　上市后分析师关注情况

Panel A:单变量分析			
变量	(1) 上市前分红企业	(2) 上市前未分红企业	(3) 均值和中位数差异
$Analyst(A,1)$	1.671	1.526	0.145***
	[1.792]	[1.609]	[0.182***]
$Report(A,1)$	2.053	1.853	0.200***
	[2.197]	[1.946]	[0.251***]
$Analyst(A,3)$	1.675	1.536	0.139**
	[1.612]	[1.535]	[0.077**]
$Report(A,3)$	2.076	1.886	0.190***
	[2.090]	[1.878]	[0.211***]
$Analyst(A,5)$	1.792	1.710	0.081
	[1.772]	[1.737]	[0.034]
$Report(A,5)$	2.218	2.116	0.102
	[2.210]	[2.151]	[0.060]

Panel B:回归分析						
变量	(1) $Analyst(A,1)$	(2) $Report(A,1)$	(3) $Analyst(A,3)$	(4) $Report(A,3)$	(5) $Analyst(A,5)$	(6) $Report(A,5)$
Dividend	0.106**	0.128**	0.111***	0.147***	0.106**	0.129**
	(2.87)	(2.69)	(2.97)	(3.19)	(2.42)	(2.35)

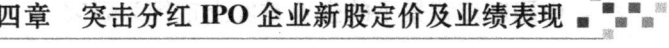

续表

	Panel B：回归分析					
变量	(1) Analyst(A,1)	(2) Report(A,1)	(3) Analyst(A,3)	(4) Report(A,3)	(5) Analyst(A,5)	(6) Report(A,5)
Controls	YES	YES	YES	YES	YES	YES
Industry	YES	YES	YES	YES	YES	YES
Year	YES	YES	YES	YES	YES	YES
Constant	−5.680***	−6.849***	−6.521***	−7.888***	−5.784***	−6.982***
	(−15.30)	(−12.79)	(−14.19)	(−12.51)	(−10.18)	(−9.69)
N	2274	2274	2080	2080	1435	1435
Adjusted R^2	0.271	0.267	0.271	0.267	0.198	0.194

注：***、**和*分别表示经过双尾检验在1%、5%和10%的水平下显著。Panel A中括号内（外）为中位数（均值），Panel B括号内为标准误经过异方差和行业聚类调整后的稳健t值。

表4-9的Panel A和Panel B分别列示了单变量分析和回归分析的结果。单变量分析和回归分析均表明，相比于上市前未发放股利的企业，上市前发放股利的企业在上市后受到了更多的分析师关注。这一结果与本章之前的分析逻辑一致，基于积极信号假说，上市前发放股利的企业受到了更多的分析师关注，降低了信息不对称。

第五节　稳健性检验

一、替换被解释变量

本节先采用替换被解释变量的方法进行稳健性检验。具体来看，考虑到中国证券监管部门对新股首日交易价格实施管制，本章参照 Chung et al.（2005）和 Huang et al.（2021）的研究，使用上市后前10个交易日和上市后前 30 个交易日的平均收盘价作为计算 FDR 的基数,即 $FDR10=$(IPO 上市后前 10 日平均收盘价 – 发行价)/发行价,$FDR30=$(IPO 上市后前 30 日平均收盘价 – 发行价)/发行价。同时,也计算了它们各自对应的经市场调整的上市回报率 $AdjFDR10$ 和 $AdjFDR30$。回归结果如表 4-10 所示。结果显示,第(1)至(4)列中 Dividend 的系数均在 1% 的水平下显著为负,与本章主结果一致。

表 4-10　　　　　　　替换被解释变量的回归结果

变量	(1) FDR10	(2) AdjFDR10	(3) FDR30	(4) AdjFDR30
Dividend	-0.048***	-0.051***	-0.070***	-0.074***
	(-5.70)	(-6.06)	(-4.24)	(-4.50)
Controls	YES	YES	YES	YES
Industry	YES	YES	YES	YES
Year	YES	YES	YES	YES
Constant	2.529***	2.519***	5.371***	5.348***
	(12.83)	(12.72)	(15.27)	(15.08)
N	2274	2274	2274	2274
Adjusted R^2	0.669	0.669	0.609	0.608

注:***、**和*分别表示经过双尾检验在 1%、5% 和 10% 的水平下显著,括号内为标准误经过异方差和行业聚类调整后的稳健 t 值。

二、替换解释变量

在模型(4-1)中,关键解释变量 Dividend 是哑变量,因此本节还采用替换解释变量的方法进行稳健性检验。具体来看,我们构造了一组新变量 PreDPS 和 PreDPR,分别表示上市前一年每股现金股利和股利支付率。并且,我们还检验了不同分位点上的每股现金股利和股利支付率对 IPO 抑价的影响,回归结果如表 4-11 所示。

表 4-11　　　　　　　　　替换解释变量的回归结果

变量	(1) FDR	(2) FDR	变量	(3) FDR	(4) FDR
PreDPS	-0.196***		PreDPR	-0.081***	
	(-7.45)			(-8.32)	
PreDPSQ1		0.042**	PreDPRQ1		-0.002
		(2.33)			(-0.09)
PreDPSQ2		-0.057***	PreDPRQ2		-0.005
		(-8.40)			(-0.24)
PreDPSQ3		-0.084***	PreDPRQ3		-0.049***
		(-10.62)			(-3.48)
PreDPSQ4		-0.070***	PreDPRQ4		-0.105***
		(-3.80)			(-8.34)
Controls	YES	YES	Controls	YES	YES
Industry	YES	YES	Industry	YES	YES
Year	YES	YES	Year	YES	YES
Constant	2.017***	2.020***	Constant	2.059***	2.069***
	(14.81)	(13.67)		(16.12)	(15.25)
N	2274	2274	N	2274	2274
Adjusted R^2	0.547	0.547	Adjusted R^2	0.547	0.546

注：***、**和*分别表示经过双尾检验在1%、5%和10%的水平下显著，括号内为标准误经过异方差和行业聚类调整后的稳健t值。

表 4-11 中第 (1) 和 (3) 列的结果显示，PreDPS 和 PreDPR 的系数均在 1% 的水平下显著为负，与本章主结果一致，说明上市前分配现金股利降低了 IPO 抑价。同时，第 (2) 和 (4) 列的结果显示，上市前分红对 IPO 抑价的影响显著表现在分红程度更高的情况，这一结果与中国投资者偏好更多的现金股利的逻辑是一致的。总之，表 4-11 的结果说明本章的主结果是稳健的。

三、样本匹配

为了更精确地观测上市前发放股利和上市前未发放股利企业 IPO 抑价的差异,本章将上市前发放股利的企业作为实验组,采用不同的匹配方法构造出相同样本数量的上市前未发放股利的企业作为对照组。结果列示在表4-12中。表4-12的 Panel A 是依次按同行业(Industry)、企业规模(Size)四等分分组后位于同组以及盈利性(ROE)最接近的原则构造的1∶1匹配。可以看到,Dividend 的系数均在1%的水平下显著为负。

表4-12 样本匹配的回归结果

Panel A:按同行业(Industry)、规模(Size)相近和盈利性(ROE)相近原则匹配后的回归结果		
变量	(1) FDR	(2) AdjFDR
Dividend	-0.059***	-0.062***
	(-8.32)	(-8.18)
Controls	YES	YES
Industry	YES	YES
Year	YES	YES
Constant	1.861***	1.833***
	(8.32)	(7.50)
N	1008	1008
Adjusted R^2	0.585	0.585

Panel B:倾向得分匹配(PSM)后的效果检验						
变量	上市前分红企业		上市前未分红企业		均值差异	p 值
	N	均值	N	均值		
IPOSize	504	8.355	504	8.396	-0.041	0.579
TimeLag	504	3.087	504	3.084	0.003	0.870
PVC	504	0.609	504	0.601	0.008	0.797
Big4	504	0.058	504	0.046	0.012	0.393

第四章 突击分红 IPO 企业新股定价及业绩表现

续表

变量	Panel B：倾向得分匹配（PSM）后的效果检验					
	上市前分红企业		上市前未分红企业		均值差异	p 值
	N	均值	N	均值		
Age	504	12.196	504	11.681	0.516	0.141
Size	504	20.217	504	20.224	-0.007	0.923
Lev	504	0.426	504	0.434	-0.009	0.405
ROA	504	0.134	504	0.133	0.001	0.841
OCF	504	0.302	504	0.335	-0.033	0.257
Growth	504	0.121	504	0.122	-0.001	0.891
InsiderOwnership	504	0.273	504	0.280	-0.006	0.689

变量	Panel C：倾向得分匹配（PSM）后的回归结果	
	(1)	(2)
	FDR	AdjFDR
Dividend	-0.037***	-0.039***
	(-5.29)	(-5.58)
Controls	YES	YES
Industry	YES	YES
Year	YES	YES
Constant	2.512***	2.509***
	(9.86)	(8.84)
N	1008	1008
Adjusted R^2	0.508	0.508

注：***、**和*分别表示经过双尾检验在1%、5%和10%的水平下显著，括号内为标准误经过异方差和行业聚类调整后的稳健 t 值。

另外，本章还使用倾向得分匹配（PSM）构造了1∶1的近邻匹配样本。具体来看，首先，将上市前发放股利的企业作为实验组。其次，将主回归中全部控制变量作为匹配变量进行 Logit 回归选择对照组［表4-13 的第（1）列和第（2）列分别报告了Logit模型和Probit模型的回归结果]。最后，以实验组和对照组为样本对模型（4-1）进行回归。表4-12的Panel B和Panel C列示了倾向得分匹配（PSM）的结果。其中，匹配效果检验的结果表明实验组和对照组样本不存在显著差异。回归结果表明，上市前发放股利企业的IPO抑价更低，说明本章结论是稳健的。

表4-13　　　　　　　　上市前发放股利的影响因素

变量	Logit model (1) Dividend	Probit model (2) Dividend
IPOSize	-0.006	0.002
	(-0.05)	(0.03)
TimeLag	0.276**	0.172**
	(2.15)	(2.22)
PVC	0.043	0.023
	(0.49)	(0.45)
Big4	0.393**	0.206*
	(2.11)	(1.70)
Age	-0.001	-0.001
	(-0.19)	(-0.17)
Size	-0.061	-0.037
	(-0.49)	(-0.52)
Lev	-0.059	-0.013
	(-0.20)	(-0.08)
ROA	-0.333	-0.092
	(-0.52)	(-0.25)
Growth	1.277***	0.681***
	(7.42)	(5.14)

第四章 突击分红 IPO 企业新股定价及业绩表现

续表

变量	Logit model (1) Dividend	Probit model (2) Dividend
OCF	0.400	0.172
	(0.99)	(0.77)
InsiderOwnership	-0.142	-0.062
	(-0.55)	(-0.43)
Industry	YES	YES
Year	YES	YES
Constant	-1.215	-0.809
	(-0.98)	(-1.12)
N	2116	2116
Pseudo R²/Adj. R²	0.062	0.061

注：***、**和*分别表示经过双尾检验在1%、5%和10%的水平下显著，括号内为标准误经过异方差和行业聚类调整后的稳健 t 值。

四、安慰剂检验

本章通过随机构造实验组的方法进行安慰剂检验。具体来看，由于主回归中上市前发放股利的企业一共有504家，因此我们每次随机选择504个样本作为实验组，重复1000次回归，观察 Dividend 的系数是否显著。模型（4-1）中 Dividend 的系数及 t 值的分布如图4-2所示。其中，Panel A 和 Panel B 以 FDR 为被解释变量，Panel C 和 Panel D 以 AdjFDR 为被解释变量。可以看到，回归系数大体位于0附近，t 值也主要分布在0附近。安慰剂检验的结果也说明本章的主结果是稳健的。

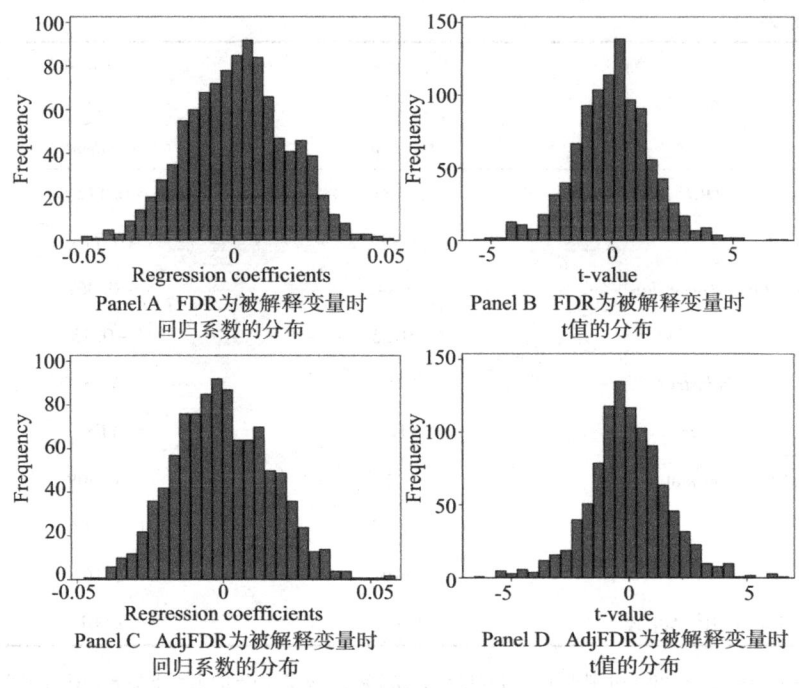

图 4-2 安慰剂检验

第六节 本章小结

企业上市的目的是融资,在观察到许多中国上市企业 IPO 前发放股利的情况下,本章通过手工收集并整理的上市前股利政策数据,筛选出上市前分红企业,然后在中国情景下研究上市前分红行为对 IPO 定价及其业绩表现的影响。基于 2006—2019 年中国 A 股上市企业的数据,本章深入探究了上市前分红对 IPO 定价的影响,试图解释中国企业上市前分红之谜。本章主要结论可以概括为以下几点:(1)相比于上市前不发放现金股利的企业,上市前发放现金股利企业的 IPO 抑价更低,并且该影响在上市前增长能力和盈利能力更强的企业中更加显著；（2）在上市之前，分红企业成长性更好，但盈利性并没有显著更好，而且在上市之后，分红企业的会计业绩表现和市场业绩表现均显著优于未分红企业；（3）上市前分红企业在上市后采取了连续稳定的股利政策，比上市前未分红企业分配了更多的现金股利，并受到了更多的分析师关注。总体来看，本章的研究结果表明，上市前发放现金股利的行为会显著降低IPO抑价，并且该行为并非低质量企业的短期战略选择，进而排除了企业质量假说。也就是说，积极信号假说有助于解释中国企业上市前分红之谜，即在激烈的中国IPO市场竞争中，企业通过发放现金股利向市场传递积极信号，提升了投资者对股票估值的预期，降低了信息不对称，提升了IPO定价效率。

本章的研究贡献主要体现在：

第一，以上市前企业分配现金股利的行为为切入点，分析上市前股利政策对新股发行定价的经济影响，丰富了关于现金股利对股票价格影响的文献。已有关于股利政策对股票价值影响的研究形成了一系列具有代表性的理论，包括MM理论（Modigliani and Miller, 1958）、"一鸟在手"理论（Gordon, 1959）、税收差异理论（Farrar and Selwyn, 1967）、信号传递理论（Bhattacharya, 1979）和代理成本理论（Jensen, 1986）等。但是，这些研究都将上市后的股利政策和股票价值作为研究对象，很少有研究关注企业上市前的股利分配对资产定价的影响。鉴于此，本章聚焦于上市前一年企业发放现金股利的情况，在IPO的场景下研究了股利分配对新股发行定价的影响，为现有相关文献补充了上市前的经验证据。

第二，立足于新股发行定价视角，通过企业质量假说和积极信号假说探究企业上市前发放现金股利的影响因素，拓展了关于股利分配行为影响因素的文献。现有研究从多个角度剖析了股利政策的影响因素，包括企业生长周期（Deangelo et al.，2004；宋福铁和屈文洲，2010）、所处行业和同行效应（Javakhadze et al.，2014；Grennan，2019）、投资者需求（Baker and Wurgler，2004）、股权集中度（Jensen et al.，1992；王化成等，2007）等。与这些研究不同，本章研究支持了积极信号假说，发现企业为了在激烈的 IPO 市场中脱颖而出，通过发放现金股利向市场传递积极信号，降低了信息不对称并导致更低的 IPO 抑价。也就是说，在上市前分配股利是为了在新股发行过程中减少对投资者的价格折让，进而提升 IPO 定价效率。因此，本章研究拓展了有关现金股利影响因素的研究文献。

第三，补充了有关 IPO 抑价的文献。已有研究主要通过信息不对称（Rock，1986）、投资者情绪（Derrien，2005）、股权特征（张学勇和张叶青，2016；Ozmel et al.，2018）、监管制度（魏志华等，2019；张光利等，2021）、地理位置（Nielsson and Wójcik，2016；Yan and Wang，2021）以及企业行为特征（Huang et al.，2021）等来解释 IPO 抑价。本章研究发现，相比于在上市前不分配股利的企业，在上市前分配股利的企业具有更低的 IPO 抑价，这表明企业上市前发放现金股利的行为降低了 IPO 抑价。因此，本章得到一个新的关于 IPO 抑价的影响因素，丰富了有关 IPO 抑价影响因素的研究。

本章研究可以带来以下几方面的启示：第一，对于企业而言，应当关注股利政策的经济影响，特别是上市融资前的股利政策。本章研究表明，相比于上市前未分红的企业，上市前分红企业的 IPO 抑价更低，定价效率更高。因此，企业应当重视股利政策的制定，采取合适的股利政策助力上市融资，充分利用股利的信号作用向市场及投资者传递信息，降低与投资者的信息不对称。第二，对于监管部门而言，应当重视并加强对招股说明书中上市前分红情况披露的监管。监管部门不仅应要求企业承诺上市后的分红计划，还应当加强对上市前分红行为的关注。尽管

第四章　突击分红 IPO 企业新股定价及业绩表现

本章基于大样本的实证分析结果表明上市前分红的企业并不是实施短期战略行为的低质量企业，然而，实际中仍可能存在低质量的企业通过发放现金股利误导投资者的情况。因此监管部门应当提高招股说明书中的信息披露要求，预防并监督低质量企业的短期战略行为。第三，对于投资者而言，应当提高对招股说明书中分红信息的敏感度，甄别优质企业。投资者应当注意分析企业上市前后的分红行为是否具有连续性，避免非理性投资，保障自身合法权益。

第五章　媒体关联 IPO 企业新股定价及业绩表现

新闻媒体作为重要的信息中介，在信息时代扮演着不可或缺的角色。近些年来，新闻媒体对资产定价的影响研究开始受到重视（Bhattacharya et al.，2009；黄俊和郭照蕊，2014；熊艳等，2014；Chen et al.，2020）。然而，新闻媒体在资本市场中的作用颇具争议。部分文献认为，新闻媒体有助于传递多元化的市场信息，纠正投资者的非理性决策以及约束企业行为，有助于提升资本市场效率（Becker and Murphy，1993；Antweiler and Frank，2004；Fang and Press，2009；Bushee et al.，2010；Aman，2013），体现了效率观。但也有文献认为，新闻媒体可能与企业串通，发布有偏报道，损害投资者利益（Gentzkow and Shapiro，2006；Reuter and Zitzewitz，2006；才国伟等，2015；Hossain and Javakhadze，2020；Goldman et al.，2021），体现了操纵观。

事实上，新闻媒体作用的发挥建立在独立性的基础上，但现实中的诸多案例表明，媒体的独立性会受到干扰。例如，2014 年 9 月曝光的 21 世纪网新闻敲诈案显示，媒体机构将新闻作为牟利的工具，与企业勾结并发布失实报道[①]。美国独立媒体监督组织"公正与准确报道"（Fairness and Accuracy in Reporting，FAIR）总结了可能干扰媒体独立性的因素，包

---

① 参见 https：//www.guancha.cn/FaZhi/2014_09_29_272197_s.shtml。

括商业、政治、宗教信仰以及社会关系等。但现有文献主要讨论了前三个因素的影响（Gentzkow and Shapiro, 2006；Reuter and Zitzewitz, 2006；Gurun and Butler, 2012；Piotroski et al., 2017；You et al., 2018），对社会关系因素的关注相对有限。那么，很自然地会想到，在社会关系的作用下，新闻媒体会对首发企业上市造成什么影响呢？

在社会关系方面，包含众多类型，校友和同乡关系属于其中的典型。对于校友关系而言，学校独特的文化底蕴、学习环境和教育经历塑造了校友们类似的人生观和价值观。对于同乡关系而言，同乡之间具有相同的语言习惯、生活方式和文化背景。这些相同或类似的特征促使同乡和校友之间自然地形成关系网络，共享信息和资源。因此，本章将从校友和同乡关系的角度出发，分析新闻媒体对首发企业上市造成的经济影响。

在这一问题的研究中，中国本身就是一个很好的研究环境，主要是因为：第一，中国是一个关系型社会（Du et al., 2020），中国人民自古以来就具有"重关系，讲情义"的传统文化背景，人们对于同乡和校友等社会关系的重视程度不言而喻。第二，中国政府对媒体行业尚且缺乏强有力的监督，导致企业更有机会利用媒体实现自身利益。例如，通过向媒体机构行贿的方式操纵新闻报道（Li, 2013）。第三，相比于发达国家的资本市场，中国是世界上最大的新兴经济体，股票市场中存在大量的散户投资者。对于散户投资者而言，新闻媒体是重要的信息渠道，因此他们更容易受到媒体报道的影响，这也使企业更有动机利用媒体机构发布对自身有利的信息。因此，本章以2006—2018年中国A股上市企业为样本，通过手工收集的企业和媒体高管的籍贯和教育背景信息，识别企业高管和媒体高管之间的同乡和校友关系，研究媒体关联企业的IPO定价行为及其业绩表现。具体来看，本章第一节为理论分析与研究假设，第二节为研究设计，第三节为实证结果分析，第四节为进一步分析，第五节为稳健性检验，第六节为本章小结。

第一节 理论分析与研究假设

新闻媒体在资本市场中的作用存在争议。有观点认为，新闻媒体促进了信息传递，帮助投资者了解和掌握市场信息，并起到监督企业行为的作用，有助于提升资本市场效率（Becker and Murphy，1993；Fang and Press，2009；Bushee et al.，2010）。也有观点认为，企业可能通过某些手段与媒体机构串通，促使新闻媒体发布虚假报道，误导投资者，通过操控新闻报道实现自身利益（Reuter and Zitzewitz，2006；Hossain and Javakhadze，2020；Goldman et al.，2021）。进一步地，企业高管和媒体高管之间的社会关系可能加剧这些影响。基于此，本章提出效率观和操纵观来解释媒体关联对新股定价的潜在影响，逻辑框架如图5-1所示。总体来看，在媒体关联的影响下，一方面，媒体关联企业可能由于关联关

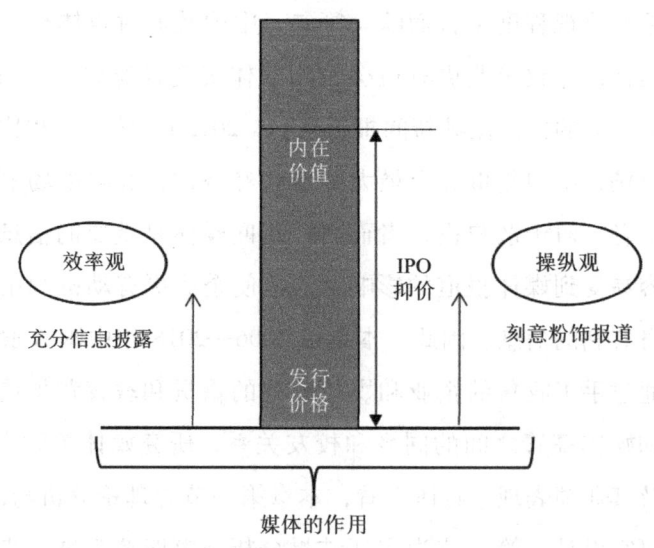

图5-1 理论分析框架

第五章 媒体关联 IPO 企业新股定价及业绩表现

系获得更多的新闻报道，向投资者披露更多信息，降低 IPO 过程中的信息不对称，使企业可以减少股票价格的折让，提高 IPO 定价（Ritter and Welch，2002；Heng and Kam，2008）；另一方面，媒体关联企业可能利用关联关系粉饰新闻报道，刻意塑造正面的形象，吸引投资者的关注和肯定，使监管机构放松监管，为企业提高 IPO 定价提供了可能（Pollock and Rindova，2003；汪昌云等，2015；Huang et al.，2021）。接下来，本章从效率观和操纵观两个角度分析媒体关联对新股定价的影响。

一、效率观

基于效率观，本章认为相比于不存在媒体关联的企业，媒体关联企业更可能通过媒体机构披露关于企业特质的信息，增强企业透明度，降低 IPO 抑价，提升定价效率。对于企业而言，关联关系有助于营造企业高管与媒体高管之间的信任氛围，加强企业和媒体之间的互动联系。Mcpherson and Cook（2001）的研究认为，具有相似特征或经历的个体之间交流更频繁，沟通更顺畅。Hossain and Javakhadze（2020）的研究也表明，基于信任氛围，企业更愿意向关联媒体传递信息，媒体也更愿意发布关联企业的信息。因此，本章预计关联关系使企业更有效地与媒体机构进行沟通和交流，通过新闻媒体将信息传递给投资者，提升公众对企业的认知度。

对于媒体机构而言，关联关系有助于媒体机构参与同业竞争，这对向外传递企业信息具有正反馈作用。新闻的及时性和新鲜程度是其在同业竞争中面临的关键挑战，特别是财经新闻媒体（Ru et al.，2020）。在此基础上，媒体机构可以利用与企业高管的关联关系获得更多的私有信息，进而缓解新闻素材不足的挑战，取得竞争优势。同时，这一过程也使与企业相关的信息被传递给外部投资者，进一步扩大了企业信息传播的宽度和广度。

在企业新股发行定价中,由于发行人、承销商和投资者之间存在信息不对称(Rock,1986;Ritter and Welch,2002),企业为了顺利完成上市融资,通常会降低发行价格发售股票。在媒体关联的影响下,企业更容易向外部投资者传递信息,降低信息不对称,从而不需要折价发行股票。因此,相比于不存在媒体关联的企业,媒体关联企业获得了更多的信息披露机会,减少了 IPO 企业价值的不确定性,同时降低了投资者的信息搜寻成本,由此提升了 IPO 市场定价效率,表现为 IPO 抑价更低。

二、操纵观

基于操纵观,本章认为相比于不存在媒体关联的企业,媒体关联企业更可能操纵新闻报道,利用媒体机构的正面报道造势宣传,吸引投资者的关注并得到肯定,提高 IPO 定价。对于企业而言,关联关系增大了企业粉饰新闻报道的可能性。企业 IPO 期间的新闻报道对企业上市有着重要作用,如 Li et al.(2021)指出,如果企业在准备上市期间受到很多的负面报道,那么,中国证监会很可能会否决企业的 IPO 申请。并且,Hossain and Javakhadze(2020)和 Ru et al.(2020)的研究发现,与企业存在关联的媒体更关注企业积极的一面,更信服企业所传递信息的正确性和完整性。本章预计关联关系拉近了企业与媒体的距离,促使企业更容易与关联媒体串通,粉饰新闻报道,刻意树立良好形象,误导投资者并使监管机构放松监管。

对于媒体机构而言,关联关系可能导致媒体机构产生迎合企业的报道倾向,损害媒体机构客观性。媒体机构可以通过与企业的关联关系获得信息优势,占据同业竞争的有利地位。但是,这也可能导致媒体机构依赖于企业,使其更在意维系与企业的关系(Ru et al.,2020)。在此基础上,关联媒体会发布更多企业所需要的正面报道,帮助企业顺利完成上市融资。

在企业新股发行定价中，企业希望提高发行价格以获得充足资金，但假如投资者不能接受过高的发行价格，会导致融资不足（汪昌云等，2015）。于是，在媒体关联的影响下，企业更容易操纵新闻报道，激发投资者乐观情绪，使投资者容易接受较高的发行价格，并且正面的新闻报道会放松监管机构的监督（Li et al.，2021），从而使企业可以提高IPO定价。因此，相比于不存在媒体关联的企业，媒体关联企业更有动机利用媒体机构造势宣传，吸引投资者的注意并使监管机构放松监督，产生对IPO企业的认可和肯定。在此情况下，企业更愿意高价发行新股，表现为IPO抑价更低。

综上所述，结合效率观和操纵观，本章认为相比于不存在媒体关联的企业，媒体关联企业获得了更多、更正面的新闻报道，增强企业透明度，更容易获得投资者和监管者的肯定，导致更低的IPO抑价。因此，本章提出如下假设：

假设5-1：相比于不存在媒体关联的企业，媒体关联企业的IPO抑价更低。

第二节 研究设计

一、数据与样本

本章使用的企业高管籍贯和教育背景原始数据来自国泰安CSMAR数据库，并经手工收集补充得到。同时，本章从《中国新闻年鉴》[①]中获取

[①] 《中国新闻年鉴》由中国社会科学院新闻与传播研究所主办，反映了中国新闻传播事业基本情况与发展变化。

了中国媒体机构负责人的姓名信息,并通过手工收集补充其籍贯和教育背景数据。新闻媒体报道数量和情感数据来自 CNRDS 数据库。其余所有资本市场和企业财务数据均来自国泰安 CSMAR 数据库。本章的初始样本范围包括 2006—2018 年中国 A 股上市企业。在研究时,本章对初始样本进行了如下处理:(1)剔除金融类、新闻媒体类企业;(2)剔除 ST 类企业;(3)剔除数据缺失的样本。经过上述处理,本章最终得到 1371 个企业样本,其中包含 110 家媒体关联企业。表 5-1 从年度和行业两个维度展示了样本分布情况。可以发现,媒体关联企业在年度分布方面比较零散,并且主要集中于制造业和信息科技业,其他行业分布则较为零散。另外,考虑到极端值的影响,本章对所有连续变量采取了上下 1% 的缩尾处理。

表 5-1　　　　　　　　媒体关联企业按年度和行业分布情况

	Panel A:按年度分布							
	全部上市企业		媒体关联上市企业					
年度					数量		占该年度上市企业比例(%)	
	数量	占比(%)	同乡	校友	关联总数量	同乡	校友	关联总占比
2006	11	0.80	0	0	0	0.00	0.00	0.00
2007	20	1.46	2	1	2	10.00	5.00	10.00
2008	65	4.74	7	8	11	10.77	12.31	16.92
2009	95	6.93	5	7	8	5.26	7.37	8.42
2010	276	20.13	24	29	34	8.70	10.51	12.32
2011	231	16.85	14	17	20	6.06	7.36	8.66
2012	121	8.83	8	8	11	6.61	6.61	9.09
2013	0	0.00	0	0	0	0.00	0.00	0.00
2014	104	7.59	2	1	2	1.92	0.96	1.92
2015	167	12.18	9	10	14	5.39	5.99	8.38
2016	142	10.36	5	4	7	3.52	2.82	4.93
2017	118	8.61	1	1	1	0.85	0.85	0.85
2018	21	1.52	0	0	0	0.00	0.00	0.00

第五章 媒体关联 IPO 企业新股定价及业绩表现

续表

行业	全部上市企业		媒体关联上市企业 数量			占该行业上市企业比例（%）		
	数量	占比（%）	同乡	校友	关联总数量	同乡	校友	关联总占比
制造业	960	70.02	51	62	78	5.31	6.46	8.13
信息科技业	152	11.09	14	12	16	9.21	7.89	10.53
建筑业	46	3.36	1	2	2	2.17	4.35	4.35
批发和零售业	38	2.77	3	2	3	7.89	5.26	7.89
公共设施管理业	25	1.82	2	2	2	8.00	8.00	8.00
自然资源供应业	23	1.68	2	2	4	8.70	8.70	17.39
采矿业	22	1.60	1	1	1	4.55	4.55	4.55
租赁和商务服务业	19	1.39	1	1	1	5.26	5.26	5.26
农业	16	1.17	1	2	2	6.25	12.50	12.50
卫生和社会工作业	5	0.36	1	0	1	20.00	0.00	20.00
其他行业	65	4.74	0	0	0	0.00	0.00	0.00
合计	1371	100	77	86	110	5.62	6.27	8.02

（Panel B：按行业分布）

二、模型与变量

为了检验企业高管和媒体高管之间的社会关系对 IPO 抑价的影响，本章使用以下多元回归模型：

$$FDR_i = \alpha_0 + \alpha_1 Connected_i + Controls_i + Industry_i + Year + \varepsilon \quad (5-1)$$

FDR 表示上市回报率，该值越大，说明 IPO 抑价越高。考虑到中国证券监管部门对新股首日交易价格实施管制，参照 Chung et al.（2005）

和 Huang et al.（2021）的研究，本章使用 IPO 上市后前 10 个交易日的平均收盘价作为计算 *FDR* 的基数，即 *FDR* =（IPO 上市后前 10 日平均收盘价 – 发行价）/发行价。作为对比，本章同时考察了使用 IPO 上市后前 20 个交易日的平均收盘价作为计算 *FDR* 基数的结果，即 *FDR*20 =（IPO 上市后前 20 日平均收盘价 – 发行价）/发行价，以及各自的经市场调整的上市回报率 *AdjFDR*、*AdjFDR*20（Chan et al.，2004；Huang et al.，2021）。*Connected* 是哑变量，若企业董事长和总经理的籍贯或毕业院校中至少有一个与媒体高管相同，该值为 1，否则为 0。本章还在模型（5-1）中添加了一系列控制变量：发行规模（*OfferSize*）、招股时间间隔（*TimeLag*）、企业年龄（*Age*）、会计师事务所（*Big*4）、风险投资（*PVC*）、发行费用（*Cost*）、企业规模（*Size*）、资产负债率（*Lev*）、净资产收益率（*ROE*）、货币资金（*Cash*）、股权性质（*SOE*）、大股东持股比例（*Top*1）以及金融中心（*FinCenter*）。相关变量的符号、名称和定义详见表 5-2。另外，本章还在回归模型（5-1）中考虑了行业和年度固定效应。

表 5-2 变量定义表

变量符号	变量名称	变量定义
FDR	IPO 抑价率	（IPO 上市后前 10 日平均收盘价 – 发行价）/发行价
AdjFDR	市场调整的 IPO 抑价率	*FDR* – 综合 A 股市场的 10 日平均收益率
*FDR*20	上市后 20 日 IPO 抑价率	（IPO 上市后前 20 日平均收盘价 – 发行价）/发行价
*AdjFDR*20	市场调整的上市后 20 日 IPO 抑价率	*FDR*20 – 综合 A 股市场的 20 日平均收益率
Connected	媒体关联	哑变量，若董事长和总经理的籍贯或毕业院校中至少有一个与媒体高管相同则为 1，否则为 0

续表

变量符号	变量名称	变量定义
$Repo\_M(0, m)$	新闻报道数量	Ln（1＋上市日至上市前 m 月新闻报道数量）
$Emot\_M(0, m)$	新闻报道情感	（上市日至上市前 m 月积极新闻数量－消极新闻数量）／（上市日至上市前 m 月积极新闻数量＋消极新闻数量＋1）
$CAR\_D(1, d)$	短期超额收益率	市场模型计算的上市后 1 到 d 天的超额收益率
$BHAR\_M(0, m)$	长期超额收益率	上市后 0 到 m 月的持有超额收益率
$ROA\_Before(After)$	上市前（后）资产报酬率	上市前（后）1 年的资产报酬率
ΔROA	资产报酬率的差额	上市后 1 年与上市前 1 年资产报酬率之差
$ROE\_Before(After)$	上市前（后）净资产收益率	上市前（后）1 年的净资产收益率
ΔROE	净资产收益率的差额	上市后 1 年与上市前 1 年净资产收益率之差
$AfterIPO$	是否处于上市后	哑变量，若会计年度大于上市年度为 1，否则为 0
$EM1\_Before(After)$	上市前（后）盈余管理	根据 Dechow et al.（1995）修正琼斯模型计算的上市前（后）1 年的应计盈余管理，并取绝对值
$EM2\_Before(After)$	上市前（后）盈余管理	根据 Kothari et al.（2005）改进的盈余管理模型计算的上市前（后）1 年的应计盈余管理，并取绝对值
$\Delta EM1(2)$	盈余管理的差额	上市后 1 年与上市前 1 年应计盈余管理之差
PE	市盈率	发行价格/上市前每股盈余
$(Non)Central\_Media$	（地方）中央媒体	哑变量，若媒体机构归（地方）中央管理为 1，否则为 0
$(Non)Local\_Media$	（异地）本地媒体	哑变量，若媒体机构与上市企业位于（不同）同一城市为 1，否则为 0

续表

变量符号	变量名称	变量定义
$SellExpenses$	销售费用	IPO 当年的销售费用/营业收入
$AdmExpenses$	管理费用	IPO 当年的管理费用/营业收入
$Top3Salary$	前三名高管薪酬	IPO 当年的前三名高管薪酬总额/营业收入
$AvgSalary$	高管平均薪酬	IPO 当年的高管平均薪酬/营业收入
$Inst\_High$	机构投资者持股比例	哑变量，若企业上市前一年的机构投资者持股比例高于中位数则为1，否则为0
$OfferSize$	发行规模	IPO 筹资额/总资产
$TimeLag$	招股时间间隔	Ln（1+招股说明书披露日至上市日间隔天数）
Age	企业年龄	Ln（1+企业上市年份-企业成立年份）
$Big4$	会计师事务所	哑变量，若由四大会计师事务所审计为1，否则为0
PVC	风险投资	哑变量，若企业存在私募或风投则为1，否则为0
$Cost$	发行费用	Ln 实际发行总费用
$Size$	企业规模	Ln 上市前一年总资产
Lev	资产负债率	上市前一年总负债/上市前一年总资产
ROE	净资产收益率	上市前一年净利润/上市前一年净资产
$Cash$	货币资金	上市前一年现金总额/上市前一年总资产
SOE	股权性质	哑变量，若企业是国有控股为1，否则为0
$Top1$	大股东持股比例	上市时第一大股东持股比例
$FinCenter$	金融中心	哑变量，若企业位于北京、上海、深圳则为1，否则为0
$Industry$	行业	根据证监会2012版行业分类设置的虚拟变量
$Year$	年度	根据年度设置的虚拟变量

第三节 实证结果分析

一、单变量分析

表5-3列示了本章主要变量的单变量分析结果。媒体关联企业的上市回报率（FDR）均值为0.576，中位数为0.474。相比之下，非媒体关联企业的上市回报率（FDR）均值为0.719，中位数为0.700，二者的均值和中位数的差异均显著为负。该结果初步表明，媒体关联企业的IPO抑价低于非媒体关联企业。同时，根据AdjFDR、FDR20以及AdjFDR20的结果，也能得到类似的结论。除了IPO定价方面的差异，表5-3还列示了媒体关联企业和非媒体关联企业其他方面的差异。可以发现，媒体关联企业的企业年龄（Age）更小、企业规模（Size）更小以及净资产收益率（ROE）更高。

表5-3   单变量分析

变量	(1) 媒体关联企业	(2) 非媒体关联企业	(3) 均值和中位数差异
FDR	0.576	0.719	-0.143***
	[0.474]	[0.700]	[-0.226***]
AdjFDR	0.576	0.718	-0.143***
	[0.470]	[0.695]	[-0.226**]
FDR20	0.746	1.046	-0.300***
	[0.471]	[0.723]	[-0.252***]
AdjFDR20	0.576	0.719	-0.143***
	[0.470]	[0.699]	[-0.229**]
OfferSize	13.279	13.249	0.030
	[13.248]	[13.136]	[0.111]

续表

变量	(1) 媒体关联企业	(2) 非媒体关联企业	(3) 均值和中位数差异
$TimeLag$	3.086	3.069	0.017
	[3.045]	[3.045]	[0.000]
Age	2.414	2.522	-0.108***
	[2.398]	[2.565]	[-0.167***]
$Big4$	0.036	0.046	-0.010
	[0.000]	[0.000]	[0.000]
PVC	0.464	0.546	-0.083*
	[0.000]	[1.000]	[-1.000*]
$Cost$	8.338	8.396	-0.058
	[8.314]	[8.331]	[-0.017]
$Size$	20.173	20.403	-0.230**
	[19.953]	[20.179]	[-0.226**]
Lev	0.450	0.449	0.000
	[0.440]	[0.454]	[-0.014]
ROE	0.268	0.240	0.028***
	[0.263]	[0.227]	[0.036***]
$Cash$	0.208	0.205	0.003
	[0.185]	[0.173]	[0.012]
SOE	0.073	0.104	-0.031
	[0.000]	[0.000]	[0.000]
$Top1$	50.443	49.972	0.471
	[49.355]	[49.000]	[0.355]
$FinCenter$	0.136	0.162	-0.025
	[0.000]	[0.000]	[0.000]

注：***、**和*分别表示经过双尾检验在1%、5%和10%的水平下显著，中括号内（外）为中位数（均值）。

二、多元回归结果

表5-4列示了本章的主回归结果。第（1）至（4）列的被解释变量分别是 FDR、AdjFDR、FDR20 以及 AdjFDR20。在第（1）列中，Connected 的系数为 -0.028 且在5%的水平下显著，该结果表明媒体关联企业的平均 IPO 抑价比非媒体关联企业低2.8%。其余各列的结果同样具有统计意义和经济意义，也能得出相同的结果。总之，该结果验证了假设5-1，即相比于不存在媒体关联的企业，媒体关联企业的 IPO 抑价更低，说明媒体关联的确会对新股发行定价造成影响。

表5-4　　　　　　　　媒体关联对 IPO 抑价的影响

变量	（1） FDR	（2） AdjFDR	（3） FDR20	（4） AdjFDR20
Connected	-0.028** (-2.36)	-0.027** (-2.27)	-0.059*** (-3.54)	-0.027** (-2.35)
OfferSize	-0.283*** (-9.48)	-0.283*** (-9.55)	-0.700*** (-13.35)	-0.283*** (-9.49)
TimeLag	0.056** (2.62)	0.054** (2.52)	0.095*** (4.32)	0.052** (2.43)
Age	-0.003 (-0.14)	-0.004 (-0.15)	-0.089*** (-4.55)	-0.003 (-0.13)
Big4	0.122** (2.73)	0.121** (2.74)	0.103 (1.21)	0.121** (2.73)
PVC	0.016** (2.52)	0.016** (2.47)	0.009 (0.61)	0.016** (2.56)
Cost	-0.031 (-1.17)	-0.030 (-1.12)	0.140*** (6.06)	-0.031 (-1.15)
Size	0.106*** (8.92)	0.106*** (9.06)	0.242*** (10.25)	0.106*** (8.90)

续表

变量	(1) FDR	(2) AdjFDR	(3) FDR20	(4) AdjFDR20
Lev	-0.230***	-0.227***	-0.504***	-0.227***
	(-4.31)	(-4.28)	(-7.19)	(-4.26)
ROE	0.142	0.138	0.356*	0.140
	(1.31)	(1.27)	(2.03)	(1.27)
Cash	0.121***	0.124***	0.272***	0.123***
	(3.08)	(3.14)	(6.04)	(3.15)
SOE	0.140***	0.140***	0.268***	0.140***
	(5.78)	(5.78)	(9.24)	(5.83)
Top1	0.000	0.000	0.000	0.000
	(0.21)	(0.18)	(0.78)	(0.22)
FinCenter	0.011	0.010	0.062*	0.011
	(0.67)	(0.63)	(1.95)	(0.67)
Industry	YES	YES	YES	YES
Year	YES	YES	YES	YES
Constant	2.316***	2.314***	3.769***	2.323***
	(9.05)	(9.15)	(11.69)	(9.17)
N	1371	1371	1371	1371
Adjusted R^2	0.724	0.724	0.792	0.723

注：***、**和*分别表示经过双尾检验在1%、5%和10%的水平下显著，括号内为标准误经过异方差和行业聚类调整后的稳健 t 值。

在控制变量方面，当控制变量的系数显著时，结果符合预期。例如，*OfferSize* 的系数均显著为负，意味着企业的发行规模越大，IPO 抑价越少。*OfferSize*、*TimeLag* 的系数符号和直觉一致，因为它们可以反映 IPO 企业的不确定性。例如，发行规模大、招股时间间隔短的企业不确定性程度更低，因此企业不需要给予过多的抑价补偿。此外，*SOE* 的系数表明国有控股的企业会通过降低发行价格来吸引投资者。

三、机制分析

已有文献指出，新闻报道的数量和情感会影响 IPO 抑价（Chen et al.，2020）。并且，在理论分析中，本章认为由于企业高管和媒体高管之间社会关系的存在，媒体关联企业可能获得更多、更正面的新闻报道，增强企业透明度并且获得投资者和监管者的肯定，导致更低的 IPO 抑价。因此接下来，本章通过检验媒体关联企业上市前新闻报道数量和情感的情况进行机制分析。具体来看，本章构造了两个新变量，$Repo\_M$（0，m）和 $Emot\_M$（0，m），分别表示新闻报道数量和新闻报道情感。其中，参照已有文献（Ru et al.，2020），$Repo\_M$（0，m）= Ln（1 + 上市日至上市前 m 月新闻报道数量）；$Emot\_M$（0，m）=（上市日至上市前 m 月积极新闻数量 − 消极新闻数量）／（上市日至上市前 m 月积极新闻数量 + 消极新闻数量 + 1），该值越大，新闻报道情感越正面，结果列示在表 5 – 5 中。

表 5 – 5 的 Panel A 列示了单变量分析结果。结果表明，无论是在上市前 1 个月、3 个月、6 个月还是 12 个月，媒体关联企业的新闻报道数量显著更多，新闻报道情感显著更正面。表 5 – 5 的 Panel B 和 Panel C 分别列示了基于新闻报道数量和情感的回归结果，也能得到一致的结论。考虑到新闻报道时效性和原创性，在前述基础上，本章还额外补充了两组检验：（1）以定价公告日为时间节点，考察媒体关联企业定价公告日前 1 个月、3 个月、6 个月和 12 个月的新闻报道数量和情感情况，结果如表 5 – 6 所示；（2）剔除非原创新闻，仅考虑媒体机构发布的原创新闻，结果如表 5 – 7 所示。这两组检验的结果均与表 5 – 5 的结果一致。总体来看，这些结果验证了媒体关联企业可以获得更多、更正面的新闻报道，这是导致 IPO 抑价更低的影响机制。

表 5-5　媒体关联企业上市前新闻报道数量和情感分析

		Panel A：单变量分析		
	变量	(1) 媒体关联企业	(2) 非媒体关联企业	(3) 均值和中位数差异
新闻报道数量	Repo_M (0, 1)	2.429 [2.197]	2.045 [1.946]	0.385*** [0.251***]
	Repo_M (0, 3)	2.444 [2.398]	2.073 [2.079]	0.371*** [0.318***]
	Repo_M (0, 6)	2.358 [2.398]	2.015 [2.079]	0.343*** [0.318***]
	Repo_M (0, 12)	2.778 [2.708]	2.400 [2.398]	0.378*** [0.310***]
新闻报道情感	Emot_M (0, 1)	0.246 [0.000]	0.166 [0.167]	0.080* [-0.167]
	Emot_M (0, 3)	0.395 [0.208]	0.167 [0.167]	0.227*** [0.042***]
	Emot_M (0, 6)	0.397 [0.292]	0.170 [0.167]	0.227*** [0.125***]
	Emot_M (0, 12)	0.281 [0.250]	0.183 [0.182]	0.098** [0.068*]
		Panel B：上市前新闻报道数量回归分析		
变量		(1) Repo_M (0, 1)	(2) Repo_M (0, 3)	(3) Repo_M (0, 6)	(4) Repo_M (0, 12)

变量	(1) Repo_M (0, 1)	(2) Repo_M (0, 3)	(3) Repo_M (0, 6)	(4) Repo_M (0, 12)
Connected	0.478*** (6.98)	0.451*** (6.92)	0.382*** (4.65)	0.490*** (12.08)
Controls	YES	YES	YES	YES
Industry	YES	YES	YES	YES
Year	YES	YES	YES	YES
Constant	-7.695*** (-16.85)	-7.213*** (-19.32)	-6.911*** (-10.85)	-8.520*** (-15.83)
N	1371	1371	1371	1371
Adjusted R^2	0.286	0.235	0.171	0.339

第五章 媒体关联IPO企业新股定价及业绩表现

续表

	Panel C：上市前新闻报道情感回归分析			
变量	（1）	（2）	（3）	（4）
	Emot_M (0, 1)	Emot_M (0, 3)	Emot_M (0, 6)	Emot_M (0, 12)
Connected	0.090	0.236***	0.233***	0.108***
	(1.39)	(13.26)	(15.40)	(4.40)
Controls	YES	YES	YES	YES
Industry	YES	YES	YES	YES
Year	YES	YES	YES	YES
Constant	−0.327	−0.240	−0.234	0.258
	(−0.77)	(−0.62)	(−0.75)	(0.56)
N	1371	1371	1371	1371
Adjusted R^2	0.017	0.029	0.028	0.022

注：***、**和*分别表示经过双尾检验在1%、5%和10%的水平下显著。Panel A中括号内（外）为中位数（均值），Panel B和Panel C括号内为标准误经过异方差和行业聚类调整后的稳健t值。

表5-6　媒体关联企业定价公告前新闻报道数量和情感分析

		Panel A：单变量分析		
变量		（1）	（2）	（3）
		媒体关联企业	非媒体关联企业	均值和中位数差异
新闻报道数量	Repo_M (0, 1)	1.795	1.600	0.195*
		[1.609]	[1.386]	[0.223]
	Repo_M (0, 3)	1.840	1.626	0.214**
		[1.609]	[1.609]	[0.000]
	Repo_M (0, 6)	1.801	1.565	0.236**
		[1.609]	[1.386]	[0.223*]
	Repo_M (0, 12)	2.082	1.862	0.220*
		[2.072]	[1.792]	[0.280*]
新闻报道情感	Emot_M (0, 1)	0.140	0.131	0.008
		[0.000]	[0.000]	[0.000]
	Emot_M (0, 3)	0.243	0.123	0.120***
		[0.000]	[0.000]	[0.000]
	Emot_M (0, 6)	0.253	0.129	0.124***
		[0.000]	[0.000]	[0.000]
	Emot_M (0, 12)	0.148	0.139	0.010
		[0.000]	[0.000]	[0.000]

续表

	Panel B：定价公告前新闻报道数量回归分析			
变量	(1)	(2)	(3)	(4)
	$Repo\_M(0,1)$	$Repo\_M(0,3)$	$Repo\_M(0,6)$	$Repo\_M(0,12)$
Connected	0.330***	0.337**	0.315**	0.370***
	(3.40)	(2.92)	(2.45)	(4.77)
Controls	YES	YES	YES	YES
Industry	YES	YES	YES	YES
Year	YES	YES	YES	YES
Constant	−7.965***	−7.906***	−7.160***	−8.450***
	(−13.58)	(−14.96)	(−13.18)	(−12.46)
N	1371	1371	1371	1371
Adjusted R^2	0.254	0.235	0.177	0.279
	Panel C：定价公告前新闻报道情感回归分析			
变量	(1)	(2)	(3)	(4)
	$Emot\_M(0,1)$	$Emot\_M(0,3)$	$Emot\_M(0,6)$	$Emot\_M(0,12)$
Connected	0.028	0.137*	0.135	0.025
	(0.32)	(2.08)	(1.63)	(0.31)
Controls	YES	YES	YES	YES
Industry	YES	YES	YES	YES
Year	YES	YES	YES	YES
Constant	−0.456	−0.452	−0.334	0.024
	(−0.84)	(−0.98)	(−1.18)	(0.05)
N	1371	1371	1371	1371
Adjusted R^2	0.022	0.020	0.012	0.012

注：***、**和*分别表示经过双尾检验在1％、5％和10％的水平下显著。Panel A 中括号内（外）为中位数（均值），Panel B 和 Panel C 括号内为标准误经过异方差和行业聚类调整后的稳健 t 值。

表 5-7　媒体关联企业上市前原创新闻报道数量和情感分析

		Panel A：单变量分析		
	变量	（1） 媒体关联企业	（2） 非媒体关联企业	（3） 均值和中位数差异
新闻报道数量	Repo_M（0，1）	2.145 [1.946]	1.840 [1.792]	0.305 *** [0.154 ***]
	Repo_M（0，3）	2.217 [2.197]	1.866 [1.792]	0.352 *** [0.405 ***]
	Repo_M（0，6）	2.150 [1.946]	1.814 [1.792]	0.336 *** [0.154 ***]
	Repo_M（0，12）	2.531 [2.565]	2.163 [2.079]	0.368 *** [0.486 ***]
新闻报道情感	Emot_M（0，1）	0.207 [0.000]	0.158 [0.167]	0.049 [-0.167]
	Emot_M（0，3）	0.361 [0.000]	0.162 [0.167]	0.199 *** [-0.167 **]
	Emot_M（0，6）	0.346 [0.000]	0.163 [0.167]	0.183 *** [-0.167 **]
	Emot_M（0，12）	0.230 [0.000]	0.175 [0.182]	0.056 [-0.182]

	Panel B：上市前原创新闻报道数量回归分析			
变量	（1） Repo_M（0，1）	（2） Repo_M（0，3）	（3） Repo_M（0，6）	（4） Repo_M（0，12）
Connected	0.386 *** (7.76)	0.424 *** (9.43)	0.369 *** (8.48)	0.471 *** (16.92)
Controls	YES	YES	YES	YES
Industry	YES	YES	YES	YES
Year	YES	YES	YES	YES
Constant	-6.770 *** (-13.52)	-6.720 *** (-20.01)	-6.099 *** (-13.65)	-7.638 *** (-13.69)
N	1371	1371	1371	1371
Adjusted R^2	0.277	0.244	0.173	0.337

续表

	Panel C：上市前原创新闻报道情感回归分析			
变量	(1)	(2)	(3)	(4)
	$Emot\_M(0,1)$	$Emot\_M(0,3)$	$Emot\_M(0,6)$	$Emot\_M(0,12)$
Connected	0.057	0.204***	0.183***	0.062*
	(1.68)	(9.48)	(7.93)	(1.87)
Controls	YES	YES	YES	YES
Industry	YES	YES	YES	YES
Year	YES	YES	YES	YES
Constant	-0.298	-0.275	-0.299	0.194
	(-0.50)	(-0.52)	(-0.58)	(0.35)
N	1371	1371	1371	1371
Adjusted R^2	0.017	0.024	0.018	0.016

注：***、**和*分别表示经过双尾检验在1%、5%和10%的水平下显著。Panel A中括号内（外）为中位数（均值），Panel B和Panel C括号内为标准误经过异方差和行业聚类调整后的稳健 t 值。

四、上市后业绩表现

为了考察媒体关联企业与非媒体关联企业 IPO 后的业绩表现差异，本章在模型（5-1）的基础上将被解释变量替换成业绩表现（Performance），并构建如下模型：

$$Performance_i = \alpha_0 + \alpha_1 Connected_i + Controls_i + Industry_i + Year + \varepsilon \quad (5-2)$$

其中，Performance 指企业业绩表现，用短期超额收益率（CAR）和长期超额收益率（BHAR）度量企业市场表现，用资产报酬率（ROA）和净资产收益率（ROE）度量企业会计表现。相关变量的符号、名称和定义详见表5-2。

1. 市场业绩表现

为了考察企业高管与媒体高管之间的社会关系对 IPO 后股票价格的持续影响,本章将检验媒体关联企业和非媒体关联企业 IPO 后的市场业绩表现情况。具体来看,本章考察了企业上市后 10 天、30 天和 60 天的短期超额收益率(CAR)以及企业上市后 1 年、2 年和 3 年的长期超额收益率($BHAR$),结果列示在表 5 – 8 中。表 5 – 8 的 Panel A 和 Panel B 分别列示了单变量分析和回归分析结果。可以发现,无论是基于短期超额收益率还是长期超额收益率,媒体关联企业 IPO 后的市场业绩表现均显著劣于非媒体关联企业。本章认为,过高的 IPO 定价可能是导致媒体关联企业市场业绩表现较差的原因。因为随着时间的推移,投资者可以更清晰地了解企业信息并且回归理性,致使股票价格下降。

表 5 – 8　　　　　媒体关联企业上市后市场表现分析

	Panel A：单变量分析		
变量	（1）媒体关联企业	（2）非媒体关联企业	（3）均值和中位数差异
CAR_D (1, 10)	0.128	0.302	−0.175 ***
	[−0.013]	[0.062]	[−0.075 ***]
CAR_D (1, 30)	0.144	0.366	−0.222 ***
	[−0.045]	[0.086]	[−0.131 ***]
CAR_D (1, 60)	0.117	0.337	−0.220 ***
	[−0.079]	[0.077]	[−0.157 ***]
$BHAR\_M$ (0, 12)	0.008	0.304	−0.296 ***
	[−0.209]	[−0.034]	[−0.175 ***]
$BHAR\_M$ (0, 24)	−0.241	0.109	−0.350 ***
	[−0.345]	[−0.128]	[−0.217 ***]
$BHAR\_M$ (0, 36)	−0.757	−0.161	−0.596 ***
	[−0.543]	[−0.273]	[−0.270 ***]

续表

	Panel B：回归分析					
变量	(1) CAR_D (1, 10)	(2) CAR_D (1, 30)	(3) CAR_D (1, 60)	(4) BHAR_M (0, 12)	(5) BHAR_M (0, 24)	(6) BHAR_M (0, 36)
Connected	-0.017**	-0.039***	-0.038*	-0.129***	-0.219**	-0.436***
	(-2.88)	(-3.47)	(-2.14)	(-2.18)	(-2.27)	(-11.69)
Controls	YES	YES	YES	YES	YES	YES
Industry	YES	YES	YES	YES	YES	YES
Year	YES	YES	YES	YES	YES	YES
Constant	0.752***	1.299***	1.376***	3.200***	1.085	-1.766
	(9.14)	(8.56)	(8.69)	(4.97)	(1.25)	(-1.38)
N	1371	1371	1371	1371	1371	1371
Adjusted R^2	0.842	0.772	0.746	0.480	0.252	0.250

注：***、**和*分别表示经过双尾检验在1%、5%和10%的水平下显著。Panel A 中括号内（外）为中位数（均值），Panel B 括号内为标准误经过异方差和行业聚类调整后的稳健 t 值。

2. 会计业绩表现

除了市场业绩表现，本章还考察了媒体关联企业和非媒体关联企业在 IPO 前后的会计业绩表现情况。具体来看，本章构造了一组新变量，$ROA\_Before（After）$、$ROE\_Before（After）$、ΔROA 和 ΔROE，分别表示上市前（后）一年的资产报酬率、上市前（后）一年的净资产收益率、上市前后一年资产报酬率的变化以及上市前后一年净资产收益率的变化，结果列示在表 5-9 中。

表 5-9 的 Panel A 列示了单变量分析结果。结果显示，在上市前一年内，媒体关联企业 ROA 和 ROE 的均值和中位数都显著高于非媒体关联企业；在上市后一年内，媒体关联企业和非媒体关联企业的 ROA 和 ROE

第五章 媒体关联IPO企业新股定价及业绩表现

均下降，但媒体关联企业的下降幅度远高于非媒体关联企业。

在表5-9的Panel B中，本章引入交乘项来检验企业上市前后ROA和ROE的变化情况。具体来看，本章构造了一个哑变量AfterIPO，若企业处于IPO之后则为1，否则为0。然后使用Connected和AfterIPO的交乘项对ROA和ROE进行回归分析。表5-9中Panel B的结果显示，交乘项的系数均在1%的水平下显著为负，这表明相比于非媒体关联企业，媒体关联企业上市后的ROA和ROE均大幅下降。此外，在表5-10中，本章还基于媒体关联企业和非媒体关联企业上市前三年和后三年的ROA和ROE进行检验，得到了与表5-9一致的结果。

表5-9　　　　媒体关联企业上市前后一年会计业绩表现分析

	Panel A：单变量分析		
变量	（1）媒体关联企业	（2）非媒体关联企业	（3）均值和中位数差异
ROA_Before	0.148	0.132	0.016**
	[0.142]	[0.120]	[0.022***]
ROE_Before	0.268	0.240	0.028***
	[0.263]	[0.227]	[0.036***]
ROA_After	0.066	0.063	0.003
	[0.059]	[0.059]	[0.001]
ROE_After	0.089	0.089	-0.000
	[0.085]	[0.084]	[0.001]
ΔROA	-0.082	-0.070	-0.012**
	[-0.072]	[-0.058]	[-0.014**]
ΔROE	-0.179	-0.151	-0.028***
	[-0.159]	[-0.139]	[-0.019***]

129

续表

	(1)	(2)	(3)	(4)
	\multicolumn{4}{c}{Panel B：交乘项检验}			
变量	ROA	ROE	ROA	ROE
Connected × AfterIPO	-0.009***	-0.018***	-0.011***	-0.020***
	(-3.09)	(-4.08)	(-3.14)	(-4.11)
Connected	0.011***	0.018***	0.010***	0.017***
	(4.21)	(3.65)	(3.27)	(3.31)
AfterIPO	-0.066***	-0.142***	-0.088***	-0.143***
	(-15.95)	(-35.31)	(-11.90)	(-16.82)
Age			-0.010***	-0.015***
			(-3.58)	(-3.57)
Size			-0.004	-0.004
			(-1.61)	(-1.22)
Lev			-0.137***	0.041*
			(-9.93)	(1.89)
Cash			0.040***	0.089***
			(6.16)	(11.15)
SOE			-0.006**	-0.015***
			(-2.37)	(-3.28)
Top1			0.000***	0.000***
			(4.29)	(3.88)
FinCenter			0.004*	0.005
			(1.89)	(1.22)
Industry	YES	YES	YES	YES
Year	YES	YES	YES	YES
Constant	0.086***	0.215***	0.255***	0.303***
	(7.31)	(4.99)	(5.73)	(4.66)
N	2742	2742	2742	2742
Adjusted R^2	0.341	0.550	0.511	0.566

注：***、**和*分别表示经过双尾检验在1%、5%和10%的水平下显著。Panel A中括号内（外）为中位数（均值），Panel B括号内为标准误经过异方差和行业聚类调整后的稳健t值。

表 5 – 10　　媒体关联企业上市前后三年会计业绩表现分析

	Panel A：单变量分析		
变量	（1） 媒体关联企业	（2） 非媒体关联企业	（3） 均值和中位数差异
ROA_Before	0.144 [0.133]	0.131 [0.119]	0.013 ** [0.014 **]
ROE_Before	0.271 [0.268]	0.248 [0.234]	0.023 ** [0.034 ***]
ROA_After	0.0560 [0.051]	0.0570 [0.053]	-0.001 [-0.002]
ROE_After	0.0800 [0.076]	0.0820 [0.080]	-0.00200 [-0.004]
ΔROA	-0.0900 [-0.073]	-0.0750 [-0.065]	-0.015 ** [-0.008 **]
ΔROE	-0.193 [-0.183]	-0.167 [-0.155]	-0.026 ** [-0.028 ***]
	Panel B：交乘项检验			

变量	（1） ROA	（2） ROE	（3） ROA	（4） ROE
Connected × AfterIPO	-0.009 *** (-4.60)	-0.006 * (-1.90)	-0.009 *** (-4.51)	-0.006 * (-1.86)
Connected	0.010 *** (4.14)	0.010 * (1.94)	0.008 *** (3.06)	0.009 * (1.78)
AfterIPO	-0.063 *** (-15.57)	-0.129 *** (-30.49)	-0.058 *** (-14.05)	-0.134 *** (-35.41)
Age			-0.009 *** (-4.50)	-0.016 *** (-4.45)
Size			-0.001 (-0.68)	0.000 (0.03)
Lev			-0.144 *** (-14.52)	-0.012 (-0.69)

续表

	Panel B：交乘项检验			
变量	(1) ROA	(2) ROE	(3) ROA	(4) ROE
Cash			0.084*** (19.02)	0.135*** (23.11)
SOE			-0.007*** (-3.85)	-0.015*** (-4.06)
Top1			0.000*** (3.50)	0.000** (2.52)
FinCenter			0.001 (0.48)	0.001 (0.22)
Industry	YES	YES	YES	YES
Year	YES	YES	YES	YES
Constant	0.077*** (7.73)	0.173*** (5.79)	0.188*** (7.29)	0.202*** (4.60)
N	2742	2742	2742	2742
Adjusted R^2	0.377	0.594	0.563	0.621

注：***、**和*分别表示经过双尾检验在1%、5%和10%的水平下显著。Panel A 中括号内（外）为中位数（均值），Panel B 括号内为标准误经过异方差和行业聚类调整后的稳健 t 值。

3. 盈余管理情况

由于媒体关联企业的会计业绩表现在上市前后出现较大反差，我们认为，为了迎合媒体机构更多、更正面的报道，媒体关联企业可能在上市前通过盈余管理手段美化财务业绩。为了检验这一猜想，本章构造了一组新变量，$EM1\_Before$（$After$）、$EM2\_Before$（$After$）、$\Delta EM1$ 和 $\Delta EM2$，分别表示上市前（后）一年根据 Dechow et al.（1995）修正琼斯模型计算的应计盈余管理的绝对值、上市前（后）一年根据 Kothari et al.（2005）改进的盈余管理模型计算的应计盈余管理的绝对值以及上市前后应计盈余管理的变化，结果列示在表 5-11 中。

表 5-11 的 Panel A 列示了单变量分析结果。结果显示,在上市前一年内,媒体关联企业盈余管理程度的中位数显著高于非媒体关联企业;在上市后一年内,媒体关联企业和非媒体关联企业的盈余管理程度均下降,但媒体关联企业的下降幅度远高于非媒体关联企业。但在盈余管理的均值中没有发现显著的差异。同样,表 5-11 的 Panel B 列示了基于交乘项分析的回归结果。尽管交乘项的系数不显著,但 t 值处于 -1.55 至 -1.63 之间,在接近 10% 的水平下显著。这说明媒体关联企业比非媒体关联企业在上市前进行了更多的盈余管理。表 5-11 的 Panel C 列示了基于盈余管理调节作用的回归结果。结果显示,在第(1)至(4)列中,$Connected$ 的系数至少在 10% 的水平下显著为负,而在第(5)至(8)列中不显著。总体来看,本章发现媒体关联对 IPO 抑价的影响对于上市前进行了更多盈余管理的企业而言更加突出。

表 5-11 媒体关联企业上市前后盈余管理情况分析

	Panel A:单变量分析		
变量	(1) 媒体关联企业	(2) 非媒体关联企业	(3) 均值和中位数差异
$EM1\_Before$	0.090	0.078	0.011
	[0.071]	[0.059]	[0.012*]
$EM2\_Before$	0.083	0.072	0.010
	[0.068]	[0.053]	[0.015*]
$EM1\_After$	0.065	0.072	-0.007
	[0.048]	[0.050]	[-0.002]
$EM2\_After$	0.056	0.062	-0.006
	[0.040]	[0.044]	[-0.004]
$\Delta EM1$	-0.024	-0.006	-0.018*
	[-0.016]	[-0.006]	[-0.010*]
$\Delta EM2$	-0.026	-0.010	-0.016*
	[-0.023]	[-0.007]	[-0.016*]

续表

	Panel B：交乘项检验			
变量	(1) EM1	(2) EM2	(3) EM1	(4) EM2
Connected × AfterIPO	-0.019 (-1.55)	-0.017 (-1.63)	-0.019 (-1.55)	-0.017 (-1.62)
Connected	0.008* (1.83)	0.008* (2.12)	0.007 (1.30)	0.007 (1.59)
AfterIPO	-0.006* (-1.89)	-0.010** (-2.60)	-0.006* (-1.86)	-0.010** (-2.56)
Age			-0.006 (-0.69)	-0.005 (-0.87)
Size			-0.004 (-1.38)	-0.003 (-1.00)
Lev			0.033*** (3.14)	0.023*** (4.01)
ROE			0.093*** (19.94)	0.078*** (13.83)
Cash			-0.026** (-2.49)	-0.015 (-1.43)
SOE			-0.011* (-1.87)	-0.008* (-1.91)
Top1			-0.000*** (-3.16)	-0.000*** (-4.13)
FinCenter			0.001 (0.16)	-0.001 (-0.32)
Industry	YES	YES	YES	YES
Year	YES	YES	YES	YES
Constant	0.094*** (3.31)	0.072** (2.78)	0.172*** (3.34)	0.124** (2.60)
N	2676	2681	2676	2681
Adjusted R²	0.055	0.055	0.075	0.071

续表

	Panel C：盈余管理程度的调节作用							
	盈余管理程度高				盈余管理程度低			
变量	(1)	(2)	(3)	(4)	(5)	(6)	(7)	(8)
	FDR	AdjFDR	FDR20	AdjFDR20	FDR	AdjFDR	FDR20	AdjFDR20
Connected	−0.035*	−0.036**	−0.068***	−0.036**	0.002	0.005	−0.042	0.004
	(−2.13)	(−2.23)	(−3.60)	(−2.22)	(0.10)	(0.21)	(−1.26)	(0.17)
Controls	YES	YES	YES	YES	YES	YES	YES	YES
Industry	YES	YES	YES	YES	YES	YES	YES	YES
Year	YES	YES	YES	YES	YES	YES	YES	YES
Constant	2.552***	2.558***	3.306***	2.566***	1.600***	1.583***	3.756***	1.594***
	(5.74)	(5.81)	(5.44)	(5.82)	(6.38)	(6.32)	(11.18)	(6.31)
N	705	705	705	705	666	666	666	666
Adjusted R^2	0.716	0.716	0.765	0.716	0.718	0.718	0.804	0.717

注：***、**和*分别表示经过双尾检验在1%、5%和10%的水平下显著。Panel A 中括号内（外）为中位数（均值），Panel B 和 Panel C 括号内为标准误经过异方差和行业聚类调整后的稳健 t 值。

4. 成本和收益分析

如果媒体关联企业是通过关联媒体发布更多、更积极的新闻报道来降低 IPO 抑价，那么，参与这一过程的各方会收获利益或承担成本。为此，本章从这两个方面展开讨论。首先，本章猜测媒体关联企业将比非媒体关联企业花费更多的资金来维持与关联媒体之间的关系，从而导致 IPO 当年具有更高的销售费用和管理费用。其次，先前的研究发现，IPO 抑价较低的企业在支付管理层薪酬时更加慷慨（Huang et al., 2021）。由于媒体关联企业的 IPO 抑价较低，它们能从 IPO 过程中获得更多的资金，所以媒体关联企业的高管会在 IPO 当年拥有更高的薪酬。

为了检验这两方面的猜想，本章围绕媒体关联企业的销售、管理费用和高管薪酬展开研究。具体来看，本章构建了几个新变量：销售费用（*SellExpenses*）、管理费用（*AdmExpenses*）、前三名高管薪酬（*Top3Salary*）

和高管平均薪酬（$AvgSalary$）。回归结果如表 5-12 所示，结果显示，$Connected$ 的系数至少在 5% 的水平下显著为正，这表明媒体关联企业在销售、管理费用和高管薪酬支付方面花费更多。总之，这些结果有力地支撑了本章主结果的逻辑。

表 5-12　　　　　媒体关联企业成本和收益情况分析

变量	(1) $SellExpenses$	(2) $AdmExpenses$	(3) $Top3Salary$	(4) $AvgSalary$
$Connected$	0.013*** (7.02)	0.009** (2.40)	0.026*** (3.54)	0.011*** (4.05)
$Controls$	YES	YES	YES	YES
$Industry$	YES	YES	YES	YES
$Year$	YES	YES	YES	YES
$Constant$	-0.044 (-0.80)	0.224*** (6.30)	2.753*** (9.81)	0.810*** (12.24)
N	1371	1371	1371	1371
Adjusted R^2	0.114	0.330	0.377	0.400

注：***、**和*分别表示经过双尾检验在 1%、5% 和 10% 的水平下显著，括号内为标准误经过异方差和行业聚类调整后的稳健 t 值。

第四节　进一步分析

一、基于不同媒体特征的进一步分析

对于不同特征的媒体，企业高管与媒体高管之间的社会关系对 IPO 抑价的影响可能存在差异。例如，Ru et al.（2020）认为，高等级的媒体机构不太可能迎合读者和企业管理层。在中国，媒体机构可分为中央政府管控的媒体和地方媒体，显然中央媒体更有权威，并且一旦出现报道失误，中央媒体高管遭受的声誉损失远大于地方媒体高管。因此，中央

第五章 媒体关联 IPO 企业新股定价及业绩表现

媒体高管可能更难受到社会关系的影响。此外，企业与媒体机构地理上的邻近有助于社会关系的维系和增进。因此，本章预计企业高管与媒体高管之间的社会关系对 IPO 抑价的影响将突出表现在关联媒体为地方媒体和本地媒体的情况。

为了检验这一猜想，本章按照媒体特征划分媒体关联企业，并构造了一组新变量，（Non）Central_Media 和（Non）Local_Media，分别表示与企业关联的媒体为（地方）中央媒体以及与企业关联的媒体为（异地）本地媒体。其中，（Non）Central_Media 和（Non）Local_Media 均是哑变量，含义分别是：若媒体机构归（地方）中央管理为 1，否则为 0；若媒体机构与上市企业位于（不同）同一城市为 1，否则为 0。表 5-13 的 Panel A 和 Panel B 分别列示了基于地方媒体和中央媒体的回归结果以及基于本地媒体和异地媒体的回归结果。结果显示，媒体关联对 IPO 抑价的影响仅在关联媒体为地方媒体和本地媒体时表现显著。该结果印证了本章的猜想，即地方媒体和本地媒体更容易受到社会关系的影响，对媒体关联企业进行更多、更正面的报道，导致更低的 IPO 抑价。

表 5-13　　　　　　　　　基于不同媒体特征的进一步分析

变量	Panel A：基于地方媒体和中央媒体的回归结果			
	(1) FDR	(2) AdjFDR	(3) FDR20	(4) AdjFDR20
NonCentral_Media	-0.031*	-0.030*	-0.076**	-0.031*
	(-2.12)	(-2.09)	(-2.53)	(-2.14)
Central_Media	-0.022	-0.022	-0.030	-0.022
	(-0.79)	(-0.79)	(-0.75)	(-0.80)
Controls	YES	YES	YES	YES
Industry	YES	YES	YES	YES
Year	YES	YES	YES	YES
Constant	2.316***	2.313***	3.765***	2.323***
	(9.10)	(9.20)	(11.74)	(9.22)
N	1371	1371	1371	1371
Adjusted R^2	0.724	0.724	0.792	0.723

续表

	Panel B：基于本地媒体和异地媒体的回归结果			
变量	(1) FDR	(2) AdjFDR	(3) FDR20	(4) AdjFDR20
Local_Media	-0.021***	-0.022***	-0.075***	-0.022***
	(-3.89)	(-3.85)	(-6.30)	(-3.76)
NonLocal_Media	-0.032	-0.031	-0.046	-0.032
	(-1.42)	(-1.35)	(-1.63)	(-1.41)
Controls	YES	YES	YES	YES
Industry	YES	YES	YES	YES
Year	YES	YES	YES	YES
Constant	2.318***	2.315***	3.765***	2.325***
	(9.14)	(9.24)	(11.62)	(9.26)
N	1371	1371	1371	1371
Adjusted R^2	0.724	0.724	0.792	0.723

注：***、**和*分别表示经过双尾检验在1%、5%和10%的水平下显著，括号内为标准误经过异方差和行业聚类调整后的稳健t值。

二、基于不同企业特征的进一步分析

1. 机构投资者持股比例

已有研究表明，机构投资者能够减少管理层盈余管理行为（Chung et al., 2002），提升企业整体盈余质量（Velury and Jenkins, 2006）。也就是说，机构投资者可以有效地监控企业管理层的行为。因此，本章预计机构投资者持股比例低的企业更可能利用与媒体的社会关系达成自身目的。基于此，本章构造了一个哑变量 Inst_High，若企业上市前一年的机构投资者持股比例高于中位数则为1，否则为0。然后，本章依据 Inst_High 变量将样本分成两组，分别考察媒体关联对 IPO 抑价的影响，结果

第五章 媒体关联 IPO 企业新股定价及业绩表现

列示在表 5-14 中。

表 5-14 的 Panel A 列示了单变量分析结果。可以发现，媒体关联企业与非媒体关联企业在 IPO 抑价方面的差异仅在机构投资者持股比例低的情况下表现显著。表 5-14 的 Panel B 列示了回归结果。结果显示，在机构投资者持股比例低的子样本中，Connected 的系数均显著为负，而在机构投资者持股比例高的子样本中，Connected 的系数均不显著。总体来看，表 5-14 的结果与预期一致，说明社会关系对 IPO 抑价的影响更可能表现在机构投资者持股比例低的企业中，而对机构投资者持股比例高的企业影响较小。

表 5-14　　　　　　　　基于机构投资者持股比例的进一步分析

		Panel A：单变量分析		
	变量	(1) 媒体关联企业	(2) 非媒体关联企业	(3) 均值和中位数差异
$Inst\_High = 0$	FDR	0.571 [0.474]	0.824 [0.698]	-0.253*** [-0.224***]
	AdjFDR	0.569 [0.470]	0.823 [0.695]	-0.254*** [-0.225***]
	FDR20	0.662 [0.471]	1.233 [0.723]	-0.571*** [-0.252***]
	AdjFDR20	0.570 [0.470]	0.823 [0.696]	-0.253*** [-0.225***]
$Inst\_High = 1$	FDR	0.580 [0.474]	0.612 [0.698]	-0.032 [-0.224]
	AdjFDR	0.581 [0.470]	0.611 [0.695]	-0.030 [-0.225]
	FDR20	0.813 [0.471]	0.853 [0.723]	-0.040 [-0.252]
	AdjFDR20	0.580 [0.470]	0.611 [0.696]	-0.031 [-0.225]

续表

	Panel B：回归分析							
	Inst_High = 0				Inst_High = 1			
变量	(1)	(2)	(3)	(4)	(5)	(6)	(7)	(8)
	FDR	AdjFDR	FDR20	AdjFDR20	FDR	AdjFDR	FDR20	AdjFDR20
Connected	-0.032***	-0.033***	-0.096***	-0.033***	-0.032	-0.029	-0.035	-0.031
	(-4.12)	(-4.23)	(-3.71)	(-4.21)	(-1.61)	(-1.47)	(-1.57)	(-1.58)
Controls	YES	YES	YES	YES	YES	YES	YES	YES
Industry	YES	YES	YES	YES	YES	YES	YES	YES
Year	YES	YES	YES	YES	YES	YES	YES	YES
Constant	2.468***	2.464***	4.561***	2.472***	2.212***	2.210***	3.144***	2.222***
	(4.44)	(4.42)	(8.58)	(4.44)	(4.13)	(4.19)	(6.10)	(4.17)
N	684	684	684	684	685	685	685	685
Adjusted R^2	0.706	0.706	0.786	0.705	0.727	0.726	0.795	0.726

注：***、**和*分别表示经过双尾检验在1%、5%和10%的水平下显著。Panel A 中括号内（外）为中位数（均值），Panel B 括号内为标准误经过异方差和行业聚类调整后的稳健 t 值。

2. 产权性质

已有研究表明，相比于国有企业，非国有企业不太可能受政府保护（Hope et al.，2021）。因此，非国有企业更可能利用社会关系实现利益。基于此，本章依据产权性质将企业分成国有企业和非国有企业，并分别考察媒体关联对 IPO 抑价的影响，结果列示在表 5-15 中。

表 5-15 的 Panel A 列示了单变量分析结果。可以发现，媒体关联企业与非媒体关联企业在 IPO 抑价方面的差异仅在非国有企业中表现显著。表 5-15 的 Panel B 列示了回归结果。结果显示，在非国有企业的子样本中，Connected 的系数均显著为负，而在国有企业的子样本中，Connected 的系数均不显著。总体来看，表 5-15 的结果印证了本章的猜想，即社会关系更广泛地影响非国有企业的 IPO 定价，而对国有企业的 IPO 定价影响较小。

表 5-15　　基于产权性质的进一步分析

		Panel A：单变量分析		
变量		(1) 媒体关联企业	(2) 非媒体关联企业	(3) 均值和中位数差异
SOE = 0	FDR	0.568 [0.474]	0.712 [0.700]	−0.144 ** [−0.226 **]
	AdjFDR	0.567 [0.470]	0.711 [0.695]	−0.144 ** [−0.226 **]
	FDR20	0.738 [0.471]	1.043 [0.723]	−0.305 *** [−0.252 ***]
	AdjFDR20	0.567 [0.470]	0.712 [0.699]	−0.145 ** [−0.229 **]
SOE = 1	FDR	0.681 [0.474]	0.781 [0.700]	−0.101 [−0.226]
	AdjFDR	0.686 [0.470]	0.780 [0.695]	−0.093 [−0.226]
	FDR20	0.846 [0.471]	1.068 [0.723]	−0.222 [−0.252]
	AdjFDR20	0.686 [0.470]	0.780 [0.699]	−0.095 [−0.229]

	Panel B：回归分析							
	SOE = 0				SOE = 1			
变量	(1) FDR	(2) AdjFDR	(3) FDR20	(4) AdjFDR20	(5) FDR	(6) AdjFDR	(7) FDR20	(8) AdjFDR20
Connected	−0.039 * (−2.12)	−0.038 * (−2.04)	−0.085 *** (−3.94)	−0.039 * (−2.09)	0.007 (0.04)	0.013 (0.07)	0.128 (0.66)	0.011 (0.06)
Controls	YES	YES	YES	YES	YES	YES	YES	YES
Industry	YES	YES	YES	YES	YES	YES	YES	YES
Year	YES	YES	YES	YES	YES	YES	YES	YES
Constant	3.206 *** (21.63)	3.191 *** (21.55)	5.056 *** (26.04)	3.210 *** (21.74)	2.170 *** (2.76)	2.179 *** (2.83)	2.859 * (2.01)	2.187 ** (2.84)
N	1232	1232	1232	1232	139	139	139	139
Adjusted R^2	0.745	0.745	0.800	0.744	0.503	0.502	0.701	0.502

注：***、** 和 * 分别表示经过双尾检验在1%、5%和10%的水平下显著。Panel A 中括号内（外）为中位数（均值），Panel B 括号内为标准误经过异方差和行业聚类调整后的稳健 t 值。

第五节 稳健性检验

一、替换被解释变量

本节采用替换被解释变量的方法进行稳健性检验。具体来看，本节使用 PE、$FDR30$ 和 $AdjFDR30$ 替换主回归中的被解释变量。其中，PE = 发行价格/上市前每股盈余，该值越大，IPO 抑价越低；$FDR30$ = （IPO 上市后前 30 日平均收盘价 - 发行价）/发行价；$AdjFDR30$ = $FDR30$ - 综合 A 股市场的首 30 日平均收益率。回归结果列示于表 5 - 16 中。结果显示，第（1）列中 $Connected$ 的系数显著为正，第（2）和（3）列中 $Connected$ 的系数均显著为负。该结果说明本章的主结果是稳健的。

表 5 - 16　　　　　　　　　替换被解释变量后的回归结果

变量	(1) PE	(2) FDR30	(3) AdjFDR30
Connected	1.357**	-0.059**	-0.060**
	(2.26)	(-2.15)	(-2.17)
Controls	YES	YES	YES
Industry	YES	YES	YES
Year	YES	YES	YES
Constant	47.058***	4.632***	4.632***
	(5.36)	(11.13)	(11.20)
N	1367	1371	1371
Adjusted R^2	0.694	0.736	0.736

注：***、**和*分别表示经过双尾检验在1%、5%和10%的水平下显著，括号内为标准误经过异方差和行业聚类调整后的稳健 t 值。

第五章 媒体关联 IPO 企业新股定价及业绩表现

二、样本匹配

为了更精准地观测媒体关联企业和非媒体关联企业 IPO 抑价的差异，本章将媒体关联企业作为实验组，利用不同的匹配方法，构造出相同样本数量的非媒体关联企业作为对照组，结果列示于表 5-17 中。

表 5-17 的 Panel A 是依次根据同行业（Industry）、企业规模（Size）四分组后位于同组以及盈利性（EPS）最接近的原则构造的 1:1 匹配，Connected 的系数均在 1% 的水平下显著。另外，我们还使用倾向得分匹配（PSM）构造了 1:1 的近邻匹配样本。具体来看，我们将媒体关联企业作为实验组，将主回归中的控制变量作为匹配变量进行 Logit 回归选择对照组，最后以实验组和对照组为样本对模型（5-1）进行回归。表 5-17 的 Panel B 和 Panel C 列示了倾向得分匹配（PSM）的结果。其中，匹配效果检验的结果表明实验组和对照组的样本不存在显著差异。回归结果表明媒体关联企业的 IPO 抑价更低，同样验证了主结果。

表 5-17　　　　　　　　样本匹配后的回归结果

Panel A：按同行业（Industry）、规模（Size）相近和盈利性（EPS）相近原则匹配后的回归结果				
变量	（1） FDR	（2） AdjFDR	（3） FDR20	（4） AdjFDR20
Connected	-0.093 *** (-4.65)	-0.092 *** (-4.54)	-0.135 *** (-6.31)	-0.093 *** (-4.56)
Controls	YES	YES	YES	YES
Industry	YES	YES	YES	YES
Year	YES	YES	YES	YES
Constant	3.702 *** (5.61)	3.716 *** (5.80)	4.262 ** (3.27)	3.710 *** (5.72)
N	220	220	220	220
Adjusted R^2	0.751	0.752	0.796	0.751

续表

	Panel B：倾向得分匹配（PSM）后的效果检验					
变量	媒体关联企业		非媒体关联企业		均值差异	p 值
	N	均值	N	均值		
OfferSize	110	13.311	110	13.279	0.032	0.746
TimeLag	110	3.081	110	3.086	-0.005	0.849
Age	110	2.433	110	2.419	0.014	0.786
Big4	110	0.036	110	0.036	0.000	1.000
PVC	110	0.427	110	0.464	-0.036	0.589
Cost	110	8.365	110	8.336	0.030	0.651
Size	110	20.071	110	20.170	-0.099	0.465
Lev	110	0.449	110	0.450	-0.001	0.976
ROE	110	0.275	110	0.268	0.008	0.571
Cash	110	0.216	110	0.209	0.007	0.698
SOE	110	0.027	110	0.073	-0.045	0.123
Top1	110	50.775	110	50.395	0.379	0.887
FinCenter	110	0.127	110	0.136	-0.009	0.843

	Panel C：倾向得分匹配（PSM）后的回归结果			
变量	(1) FDR	(2) AdjFDR	(3) FDR20	(4) AdjFDR20
Connected	-0.052**	-0.053**	-0.094***	-0.052**
	(-2.44)	(-2.42)	(-4.04)	(-2.42)
Controls	YES	YES	YES	YES
Industry	YES	YES	YES	YES
Year	YES	YES	YES	YES
Constant	2.876**	2.909**	3.756***	2.914**
	(2.75)	(2.82)	(3.26)	(2.81)
N	220	220	220	220
Adjusted R^2	0.650	0.652	0.750	0.651

注：***、** 和 * 分别表示经过双尾检验在 1%、5% 和 10% 的水平下显著，括号内为标准误经过异方差和行业聚类调整后的稳健 t 值。

第五章 媒体关联 IPO 企业新股定价及业绩表现

三、工具变量法

本章采用工具变量法缓解潜在的内生性问题。参照 Ru et al.（2020）的研究，本章定义了一个新变量 Connected_IV，表示企业高管和媒体高管通过籍贯和毕业院校建立关联关系的概率之和①。直觉上看，通过籍贯和毕业院校建立关联关系的概率之和越大，关联关系越可能存在于企业和媒体之间。因此，工具变量满足了相关性条件。并且，这个概率本身不会对 IPO 抑价产生影响，说明工具变量也符合外生性条件。

表 5-18 列示了使用工具变量的回归结果。第（1）列列示了工具变量第一阶段的结果，Connected_IV 的系数在 1% 的水平下显著为正，并且 F 值检验的结果说明该工具变量不是弱工具变量。第（2）列至第（5）列列示了第二阶段的回归结果，系数均在 1% 或 10% 的水平下显著为负。这些结果都表明本章主结果是稳健的。

表 5-18 工具变量的回归结果

变量	1st Stage	2nd Stage			
	（1）	（2）	（3）	（4）	（5）
	Connected	FDR	AdjFDR	FDR20	AdjFDR20
Connected_IV	1.277***				
	(2.84)				
F-test	11.49***				
Connected		-0.339***	-0.349***	-0.651*	-0.340***
		(-3.12)	(-3.31)	(-1.90)	(-3.08)

① Connected_IV 的计算方法如下：首先，根据公司高管毕业院校和媒体高管毕业院校数据确定每个学校成为高管毕业院校的概率；其次，将第一步所得的概率匹配至公司高管毕业院校，并在同一公司内加总，得到通过毕业院校建立关联关系的概率，然后重复上述步骤可计算出通过籍贯建立关联关系的概率；最后，Connected_IV 等于 1 加上述两个概率之和并取对数。

续表

变量	1st Stage	2nd Stage			
	(1) Connected	(2) FDR	(3) AdjFDR	(4) FDR20	(5) AdjFDR20
Controls	YES	YES	YES	YES	YES
Industry	YES	YES	YES	YES	YES
Year	YES	YES	YES	YES	YES
Constant	0.081 (0.56)	2.349*** (10.04)	2.347*** (10.15)	3.831*** (13.27)	2.356*** (10.17)
N	1371	1371	1371	1371	1371
Adjusted R^2	0.018	0.700	0.699	0.766	0.699

注：***、**和*分别表示经过双尾检验在1%、5%和10%的水平下显著，括号内为标准误经过异方差和行业聚类调整后的稳健 t 值。

四、安慰剂检验

本章通过随机构造实验组的方法进行安慰剂检验。具体来看，由于主回归中媒体关联企业一共有110家，于是每次随机选择110个样本作为实验组，重复500次回归，观察 Connected 的系数是否显著。

本章以被解释变量 FDR 和 AdjFDR 为代表，进行500次随机分组，模型（5-1）中 Connected 的系数及 t 值的分布如图5-2所示。其中，Panel A 和 Panel B 以 FDR 为被解释变量，Panel C 和 Panel D 以 AdjFDR 为被解释变量。从图中可以看出，回归系数大体位于0附近，t 值也主要分布在0附近。安慰剂检验的结果也说明本章的主结果是稳健的。

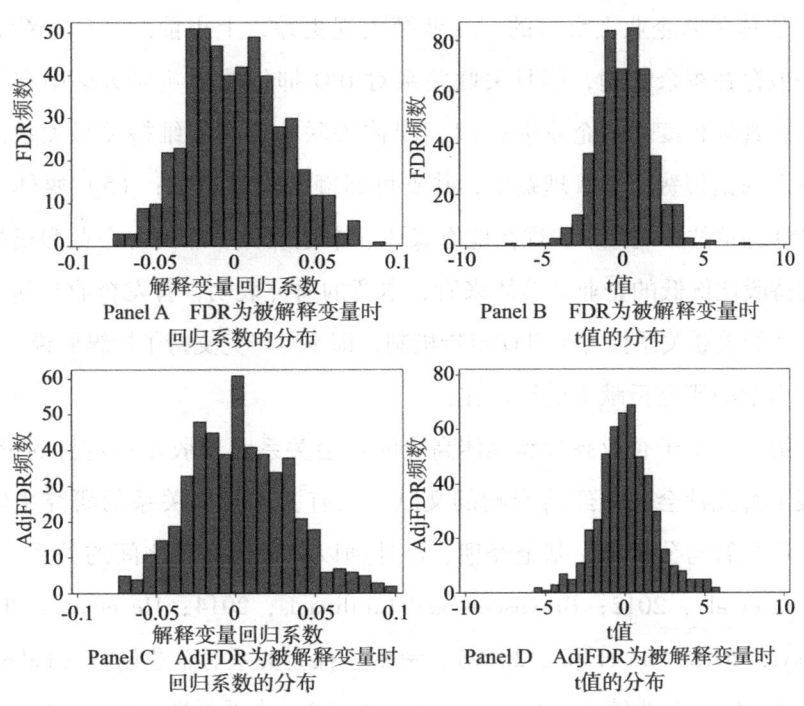

图 5-2 安慰剂检验

第六节 本章小结

新闻媒体在资本市场中的作用备受关注。在此背景下，本章通过手工收集的企业高管和媒体高管的籍贯和教育背景数据，筛选出媒体关联企业，继而研究媒体关联企业的 IPO 定价行为及其业绩表现。本章的主要结论可以概括为以下几点：（1）相比于不存在媒体关联的企业，媒体关联企业的 IPO 抑价更低；（2）媒体关联影响企业 IPO 定价的机制是媒体关联企业在上市前会经历更多、更正面的新闻报道，由此增强企业透明度并且获得投资者和监管者的肯定，共同导致更低的 IPO 抑价；

(3) 媒体关联企业上市后的市场业绩表现更差,上市前的会计业绩表现更好但存在盈余管理,而且关联关系对 IPO 抑价的影响显著集中在上市前盈余管理程度高的企业中;(4) 媒体关联企业为了维持关联关系需支付更多的销售费用和管理费用,并支付高额的高管薪酬;(5) 媒体关联对 IPO 抑价的影响集中表现在地方媒体、本地媒体、非国有企业和机构投资者持股比例低的企业。总体来看,本章的研究表明,首发企业与新闻媒体之间的关联关系损害了 IPO 定价机制,即本章研究支持了操纵假说。

本章的研究贡献主要体现在:

第一,基于企业高管和媒体高管的社会关系对新股发行定价的影响,拓展了有关社会关系经济影响的文献。已有关于社会关系的研究主要关注企业高管与分析师、基金经理、审计师以及银行高管之间的关系(Engelberg et al., 2012;Bruynseels and Cardinaels, 2014;He et al., 2017;Karolyi, 2018;Gu et al., 2019),考察了社会关系对企业创新(Faleye et al., 2014)、企业绩效(Cohen et al., 2010)、企业并购(Cai and Sevilir, 2012;Ferris et al., 2016)以及融资成本(Engelberg et al., 2012;Fogel et al., 2018)等方面的影响。鉴于媒体是资本市场中重要的信息中介,并且社会关系是影响媒体独立性的重要因素,本章聚焦于企业高管与媒体高管之间的社会关系,在 IPO 场景下研究了媒体关联对新股发行定价的影响,对现有关于社会关系的文献进行了补充。

第二,从效率观和操纵观的角度探究媒体关联对 IPO 定价的影响,丰富了有关媒体机构经济影响的文献。现有文献对媒体机构在资本市场中的作用存在争议,一部分文献认为媒体机构能够降低信息不对称(Bushee et al., 2010)、鉴别财务造假(Miller, 2006)以及改善公司治理(Kuhnen and Niessen, 2012;Di Giuli and Laux, 2021)。另一部分文献则认为媒体机构可能发布有偏的报道(Gentzkow and Shapiro, 2006;Reuter and Zitzewitz, 2006;孔东民等, 2013;才国伟等, 2015)。本章综合了这两类文献，以媒体关联企业获得更多、更正面的新闻报道为切入点，进一步检验媒体关联究竟是促进还是损害 IPO 定价机制，拓展了有关媒体机构经济影响的研究文献。

第三，补充了有关 IPO 抑价的文献。已有研究主要通过信息不对称（Rock，1986；Heng and Kam，2008）、投资者情绪（Derrien，2005；Ljungqvist et al.，2006）、发行方股权特征（张学勇和张叶青，2016；Ozmel et al.，2018）、监管制度（宋顺林和唐斯圆，2017；魏志华等，2019）以及企业行为特征（Huang et al.，2021）等来解释 IPO 抑价。本章研究发现，媒体关联企业在 IPO 前获得了更多、更正面的新闻报道，导致更低的 IPO 抑价，这表明企业高管和媒体高管之间的社会关系降低了 IPO 抑价。因此，本章提出了一个新的关于 IPO 抑价的影响因素，丰富了有关 IPO 抑价影响因素的文献。

本章研究可以带来以下几方面的启示：第一，对于企业上市而言，应当关注媒体机构的经济影响。本章研究表明，相比于非媒体关联企业，媒体关联企业在上市前受到了更多、更正面的报道，降低了 IPO 抑价。因此，企业应当重视与媒体机构的关系，采取合适的方式加强与媒体机构的信息交流，充分利用其信息中介的职能向投资者传递信息。第二，对于监管部门而言，应当不断加强和完善对新闻媒体机构的监督。媒体报道应当独立且客观，然而本章研究发现，社会关系影响了新闻报道的数量和情感，甚至存在操控新闻报道的可能。因此，监管部门应当出台监管政策，督促媒体机构尊重事实，以保障投资者利益，促进资本市场整体的和谐发展。第三，对于投资者而言，应当保持对新闻报道的理性态度。本章研究发现关联媒体在企业上市时同时发挥效率观和操纵观的作用，基于操纵观，企业会通过关联媒体发布有利于企业的信息，误导投资者。因此，投资者应当保持理性，扩展信息获取渠道，明辨信息虚实，切实维护自身利益。

第六章 贫困地区 IPO 企业新股定价及业绩表现

贫困是人类面临的长期困境，中国政府始终致力于采取有效措施解决贫困问题。特别是党的十八大以来，党中央把脱贫攻坚摆在治国理政的突出位置，全面打响脱贫攻坚战，取得了举世瞩目的成果。在脱贫攻坚过程中，中国证监会作为全国证券期货市场的监管者，积极探索并利用资本市场服务脱贫攻坚战。上市企业是促进地区经济发展的主体和源泉，证监会出台了一系列政策鼓励贫困地区的企业上市，助力贫困地区经济发展。虽然中国大多数上市企业来自经济发达的城市，但如图 6-1 和图 6-2 所示，仍然有一定数量的上市企业来自贫困地区，这是本章重点研究的对象。

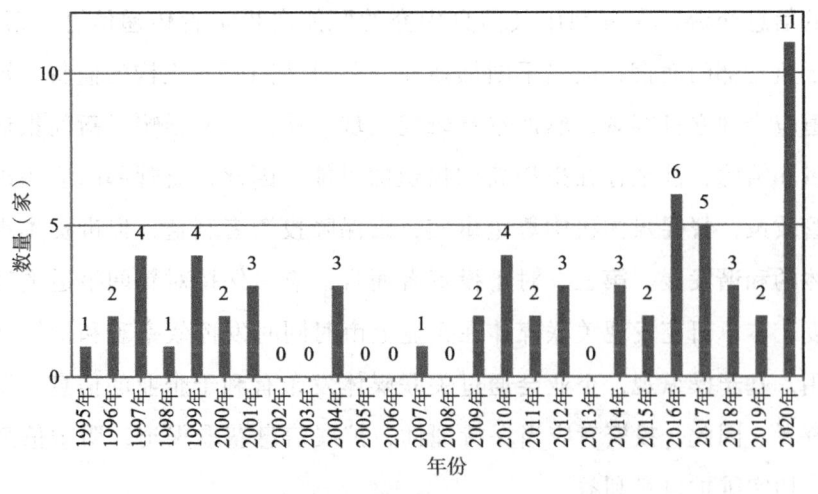

图 6-1 贫困县 IPO 企业年度分布情况

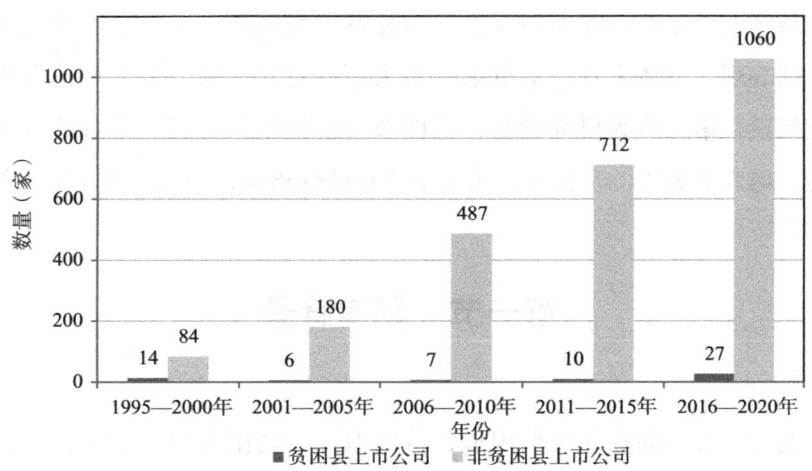

图 6-2 IPO 企业年度分布情况

基于信息不对称理论，以 Nielsson and Wójcik（2016）为代表的西方文献研究了企业所在地的地理位置对 IPO 抑价的影响。他们基于美国的数据研究发现，由于本地偏好和信息优势的影响，总部在农村地区的上市企业比总部在城市地区的上市企业具有更低的 IPO 抑价。然而，他们的研究并没有讨论其他国家的偏远贫困地区是否也会受到本地偏好和信息优势的影响，进而导致企业所在地的地理位置对 IPO 抑价产生相同或类似的影响。以中国为例，中国是世界上最大的新兴市场国家，资本市场仍处于快速发展时期，同时，上市企业依然存在严重的代理问题（Aharony et al., 2000）。在此背景下，对于中国上市企业而言，位于偏远的贫困地区可能面临更大的信息不对称，从而需要给予更高的 IPO 抑价。因此，中国上市企业地理位置对 IPO 抑价的影响很可能与以美国作为研究背景所得出的结论相悖。

综上，本章以 1995—2020 年中国 A 股上市企业为样本，通过国家乡村振兴局[①]公布的国家级贫困县名单，精确地识别贫困地区上市企业和非

---

① 国家乡村振兴局由"国务院扶贫开发领导小组办公室"整体改组而来，为国务院直属机构。2021 年 2 月 25 日，国家乡村振兴局正式挂牌。

贫困地区上市企业，在中国背景下研究贫困地区的首发企业上市行为及其业绩表现。具体来看，本章第一节为制度背景，第二节为理论分析与研究假设，第三节为研究设计，第四节为实证结果分析，第五节为机制检验，第六节为进一步分析，第七节为稳健性检验，第八节为本章小结。

第一节　制度背景

贫困是人类面临的长期困境，贫困地区和贫困人口一直是社会各界关注的焦点。中国政府始终致力于采取有效措施解决困扰中华民族几千年的绝对贫困问题，所采取的措施在不同历史阶段表现出不同特征。其中，确定重点贫困县是我国扶贫开发区域瞄准的重要手段之一。

党的十八大以来，党中央把脱贫攻坚摆在治国理政的突出位置，作出一系列重大部署和安排。2014年12月23日，国家乡村振兴局发布了全国832个贫困县名单，从中可以看出贫困县主要集中在中西部、西南部和部分东北地区。表6-1的Panel A详细地提供了贫困县所属省份中上市企业数量信息。可以发现，由于贫困县所属省份同样比较偏远，因此贫困县所属省份内上市企业数量也相对较少。随着贫困县名单的确定，2015年11月23日中共中央政治局审议通过《关于打赢脱贫攻坚战的决定》，并于2015年11月29日正式发布《中共中央国务院关于打赢脱贫攻坚战的决定》。之后，从2016年开始，我国贫困县逐年脱贫摘帽，直至2020年11月23日，全国832个贫困县全部实现脱贫摘帽，标志着脱贫攻坚取得全面胜利。

我国脱贫攻坚成果举世瞩目，这归功于党中央的坚强领导以及全党全社会众志成城和共同努力。中国证监会作为全国证券期货市场的监管者，把打赢脱贫攻坚战作为崇高的政治任务，并积极探索资本市场的普惠金融功能与机制。为贯彻落实《中共中央国务院关于打赢脱贫攻坚战的决定》和中央扶贫开发工作会议精神，证监会于 2016 年 9 月发布了《中国证监会关于发挥资本市场作用服务国家脱贫攻坚的意见》（以下简称《意见》）。《意见》强调以贫困地区实体经济需求为导向，以资本市场服务产业扶贫为重点，优先支持贫困地区企业利用资本市场资源，拓宽直接融资渠道，提高融资效率，降低融资成本。同时，《意见》还要求对贫困地区企业首次公开发行股票、新三板挂牌、发行债券、并购重组等开辟绿色通道。

第二节　理论分析与研究假设

基于信息不对称理论，IPO 中的各方，包括企业、承销商和投资者，他们对企业本身的价值、发展前景以及市场潜在需求水平所掌握的信息不同，造成了逆向选择和道德风险问题（Baron，1982）。在理论的基础上，大量文献实证检验了信息不对称是导致 IPO 抑价的主要原因（Beatty and Ritter，1986；Ang and Brau，2002；Cook et al.，2006）。

上市企业的地理位置会对信息不对称造成影响（Garmaise and Moskowitz，2004；Nielsson and Wójcik，2016），因为上市企业的地理位置会影响资本市场中各个主体间信息沟通的广度和深度。Su（2004）和 Chan et al.（2004）指出，相比于发达国家的资本市场，中国市场中信息不对称问题更加严重，上市企业 IPO 抑价更高。黄张凯等（2016）也发现中国地区间发展不平衡造成了各地区的信息差距。

然而，对于地理位置的界定，从文献中并不能得到统一的结论。Loughran and Schultz（2005）和 John et al.（2011）利用企业距离人口中心的远近区分农村和城市企业；Nielsson and Wójcik（2016）利用企业距离金融从业人数密度大的地区的远近来区分农村和城市企业；黄张凯等（2016）利用企业与北上广三大城市的距离定义"中心地带"和"偏远地带"。特别地，中国国家乡村振兴局于 2014 年 12 月 23 日发布了全国 832 个贫困县名单，涉及中西部 22 个省、区、市。国家级贫困县的确认，是经过多方面考察所得出的结论。因此，利用这份名单，本章能够相对更为准确地考察由于企业地理位置造成的经济后果。那么，企业在贫困地区上市会对信息不对称造成怎样的影响，并引起 IPO 抑价怎样的变化呢？本章拟从两个方面进行分析。

一方面，由于贫困地区存在投资者的本地偏好，进而容易获得优越的本地信息，具有信息优势，可能会使贫困地区上市企业的 IPO 抑价较低（Nielsson and Wójcik，2016）。具体来看，大量的文献说明了贫困地区投资者比其他地区投资者表现出更强的本地偏好（Coval and Moskowitz，1999；Grinblatt and Keloharju，2001；Huberman，2001；Massa and Simonov，2006；Bernile et al.，2015）。也就是说，贫困地区的投资者会将其股票投资组合中的很大一部分配置给当地的企业。于是，贫困地区的投资者更有动力获取本地 IPO 企业的相关信息。事实上，文献也证明了贫困地区的投资者更容易获得优越的本地信息（Coval and Moskowitz，2001；Ivkovic and Weisbenner，2005；Gaspar and Massa，2007；Bodnaruk，2009）。例如，Coval and Moskowitz（2001）以及 Ivkovic and Weisbenner（2005）验证了农村地区的本地投资者可以获得 IPO 企业隐性的、非标准化的信息，并且农村地区的本地投资者可以获得更高的回报。Bodnaruk（2009）以瑞典为例的研究同样说明了放弃农村信息的投资者比放弃城市信息的投资者在信息方面的损失更大。由于贫困地区投资者的本地偏好和信息优势，降低了 IPO 估值的不确定性，使贫困地区上市企业支付更少的抑价对投资者进行补偿。

另一方面，经济发达地区上市企业的信息可能比贫困地区上市企业的信息更容易传播，相比之下，贫困地区上市企业的信息不对称程度更大，IPO抑价更高。从上市企业的角度来看，经济发达地区具有更方便快捷的信息沟通渠道（张玮婷和王志强，2015；黄张凯等，2016），使当地的上市企业可以更有效地向外界潜在投资者传递关于企业经营质量和发展前景的信息。因此，经济发达地区的上市企业更容易调动投资者的本地偏好，引起投资者的关注，降低企业与投资者之间的信息不对称。从投资者的角度来看，在中国独特的背景下，贫困地区的居民往往不会进行大规模的金融投资，而机构投资者和散户投资者大多集中在经济发达地区（宋玉等，2012；赵静等，2018）。由此，在经济发达地区，投资者可以更加便捷地实地考察并向管理层了解或讨论信息。这有利于加深投资者对经济发达地区上市企业的认识，并大大降低信息不对称程度。因此，相比于经济发达地区，贫困地区上市企业的信息传递效率更低，信息不对称程度更大，相应地，IPO抑价更高。

综上所述，贫困地区上市企业IPO抑价存在两个方面的可能。因此，本章提出如下竞争性假设：

假设6-1a：贫困地区上市企业比非贫困地区上市企业IPO抑价更低。

假设6-1b：贫困地区上市企业比非贫困地区上市企业IPO抑价更高。

第三节 研究设计

一、数据与样本

本章使用的贫困县数据来自中国国家乡村振兴局网站[①]，并经手工整

[①] 在2014年之前，国家级贫困县名单主要经过三次调整：1994年、2001年和2012年。但在总体上，该名单呈现"增多减少"的趋势，本章选用2014年版本的国家级贫困县名单。

理得到。企业注册地数据来自 Wind 数据库。本章进一步分析中使用的市级和省级层面人均 GDP 数据来自 EPS 数据库。其余所有资本市场和企业财务数据均来自国泰安 CSMAR 数据库。本章的初始样本范围为 1995—2020 年中国 A 股上市企业。在此基础上，本章对初始样本进行了如下处理：（1）剔除金融类企业；（2）剔除 ST 类企业；（3）剔除科创板上市企业；（4）剔除数据缺失的样本。经过上述处理，本章最终得到 2587 个上市企业样本，其中包含 64 家贫困县上市企业，图 6-1、图 6-2 和表 6-1 分别从不同维度展示了其分布状况。从行业分布来看，贫困县上市企业行业集中在制造业，其余行业分布则较为零散。另外，在数据处理的过程中，考虑到极端值的影响，本章对所有连续变量采取了上下 1% 的缩尾处理。

表 6-1　　　　　　　　　贫困县及上市企业分布情况

	Panel A：区域分布		
贫困县所在省份	省内贫困县个数	省内贫困县上市企业数量	省内非贫困县上市企业数量
云南	88	5	12
西藏	74	18	0
贵州	66	6	13
四川	66	2	82
甘肃	58	8	9
陕西	56	2	30
河北	45	1	38
青海	42	1	2
湖南	40	3	74
河南	38	6	45
山西	36	2	15
广西	33	0	18
新疆	32	1	26
内蒙古	31	1	10

续表

Panel A：区域分布			
贫困县所在省份	省内贫困县个数	省内贫困县上市企业数量	省内非贫困县上市企业数量
湖北	28	1	54
江西	24	2	31
安徽	20	3	79
黑龙江	20	0	13
重庆	14	1	31
吉林	8	1	13
宁夏	8	0	5
海南	5	0	11
合计	832	64	611

Panel B：行业分布		
贫困县上市企业所处行业	数量	占比
制造业	39	60.94%
采矿业	7	10.94%
电力、热力、燃气及水生产和供应业	5	7.81%
农、林、牧、渔业	4	6.25%
水利、环境和公共设施管理业	3	4.69%
信息传输、软件和信息技术服务业	3	4.69%
科学研究和技术服务业	1	1.56%
房地产业	1	1.56%
批发和零售业	1	1.56%
合计	64	100%

二、模型与变量

为了检验注册地为贫困地区对IPO抑价的影响，本章使用以下多元回归模型：

$$FDR_i = \alpha_0 + \alpha_1 RuralFirm_i + Controls_i + Industry_i + Year + \varepsilon \qquad (6-1)$$

FDR 表示企业上市首日回报率，等于（IPO 上市当日收盘价 - 发行价）/发行价，该值越大，说明 IPO 抑价越高；作为对比，本章同时使用经市场调整的上市首日回报率 AdjFDR（Huang et al.，2021）指标。RuralFirm 是哑变量，当企业注册地是贫困地区时，该值为 1，否则为 0。本章在模型（6-1）中添加了一系列控制变量：发行规模（OfferSize）、招股时间间隔（TimeLag）、企业年龄（Age）、发行费用（Cost）、会计师事务所（Big4）、企业规模（Size）、净资产收益率（ROE）、货币资金（Cash）、股权性质（SOE）、两职合一（Duality）。相关变量的符号、名称和定义详见表 6-2。另外，本章还在回归模型（6-1）中考虑了行业和年度固定效应。若假设 6-1a 成立，模型（6-1）中的 α_1 应该显著为负；反之，若假设 6-1b 成立，模型（6-1）中的 α_1 应该显著为正。

表 6-2 变量定义表

变量符号	变量名称	变量定义
FDR	上市首日回报率	（IPO 上市当日收盘价 - 发行价）/发行价
AdjFDR	市场调整的上市首日回报率	综合 A 股市场调整的上市首日回报率
CAR_D (1, d)	短期超额收益率	市场模型计算的上市后 1 到 d 天的超额收益率
BHAR_M (0, m)	长期超额收益率	上市后 0 到 m 月的持有超额收益率（不含首日）
ROA (B/A, y)	上市前/后资产报酬率	上市前（后）y 年的平均资产报酬率
ROE (B/A, y)	上市前/后净资产收益率	上市前（后）y 年的平均净资产收益率
Ins_Dum	机构投资者持股	哑变量，若与上市企业位于同一省、自治区或直辖市的机构投资者持股为 1，否则为 0
Ins	机构投资者持股比例	与上市企业位于同一省、自治区或直辖市的机构投资者持股比例
Analyst (A, y)	上市后分析师关注度	上市后 y 年的平均分析师关注度

续表

变量符号	变量名称	变量定义
$Report(A,y)$	上市后研报关注度	上市后 y 年的平均研报关注度
$AgC(B/A,y)$	上市前/后代理成本	上市前（后）y 年的平均代理成本
$RuralFirm$	贫困地区上市企业	哑变量，若企业注册地属于贫困地区为1，否则为0
$UrbanFirm$	非贫困地区上市企业	哑变量，若企业注册地属于非贫困地区为1，否则为0
$RuralFirm\_(Non)Station$	（无）有高铁站或火车站	哑变量，若企业注册地所属贫困地区（无）有高铁站或火车站为1，否则为0
$RuralFirm\_TraShort(Long)$	到省会城市最近火车站的驾车时间短（长）	哑变量，若企业注册地所属贫困地区到省会城市最近火车站的驾车时间低（高）于中位数为1，否则为0
$RuralFirm\_AirShort(Long)$	到省会城市最近飞机场的驾车时间短（长）	哑变量，若企业注册地所属贫困地区到省会城市最近飞机场的驾车时间低（高）于中位数为1，否则为0
$OfferSize$	发行规模	IPO 筹资额/总资产
$TimeLag$	招股时间间隔	Ln（1+招股说明书披露日至上市日间隔天数）
Age	企业年龄	Ln（1+企业上市年份-企业成立年份）
$Cost$	发行费用	Ln 实际发行总费用
$Big4$	会计师事务所	哑变量，若由四大会计师事务所审计为1，否则为0
$Size$	企业规模	Ln 上市前一年总资产
ROE	净资产收益率	上市前一年净利润/上市前一年净资产
$Cash$	货币资金	上市前一年现金总额/上市前一年总资产
SOE	股权性质	哑变量，若企业是国有控股为1，否则为0
$Duality$	两职合一	哑变量，若董事长兼任总经理为1，否则为0

续表

变量符号	变量名称	变量定义
Industry	行业	根据证监会2012版行业分类设置的虚拟变量
Year	年度	根据年度设置的虚拟变量
Month	月份	根据年度月份设置的虚拟变量
Area	省份	根据省份设置的虚拟变量

第四节 实证结果分析

一、单变量分析

表6-3列示了本章主要变量的单变量分析结果。贫困地区上市企业的上市首日回报率（FDR）均值为0.884，中位数为0.440。相比之下，非贫困地区上市企业的上市首日回报率（FDR）均值为0.545，中位数为0.440。二者的均值和中位数的差异均显著为正。该结果初步表明，贫困地区上市企业IPO抑价比非贫困地区上市企业IPO抑价更高。同时，参考Chan et al.（2004），本章计算了经市场调整的上市首日回报率（AdjFDR），得到了一致的结果。

表6-3　　　　　　　　　　单变量分析

变量	(1) 贫困地区上市企业	(2) 非贫困地区上市企业	(3) 均值和中位数差异
FDR	0.884	0.545	0.338***
	[0.440]	[0.440]	[0.000***]
AdjFDR	0.882	0.545	0.337***
	[0.459]	[0.437]	[0.022***]

第六章 贫困地区IPO企业新股定价及业绩表现

续表

变量	（1） 贫困地区上市企业	（2） 非贫困地区上市企业	（3） 均值和中位数差异
OfferSize	12.946	13.197	-0.251***
	[12.779]	[13.101]	[-0.323***]
TimeLag	3.201	3.092	0.108***
	[3.091]	[3.045]	[0.047**]
Age	2.097	2.494	-0.397***
	[2.350]	[2.565]	[-0.215***]
Cost	8.051	8.341	-0.290***
	[8.266]	[8.347]	[-0.081**]
Big 4	0.047	0.044	0.002
	[0.000]	[0.000]	[0.000]
Size	20.299	20.468	-0.169
	[20.136]	[20.296]	[-0.159]
ROE	0.211	0.229	-0.017
	[0.203]	[0.214]	[-0.011]
Cash	0.182	0.199	-0.017
	[0.146]	[0.167]	[-0.021*]
SOE	0.344	0.162	0.182***
	[0.000]	[0.000]	[0.000***]
Duality	0.250	0.209	0.041
	[0.000]	[0.000]	[0.000]

注：***、**和*分别表示经过双尾检验在1%、5%和10%的水平下显著，中括号内（外）为中位数（均值）。

除了IPO定价方面的差异，本章还分析了贫困地区上市企业与非贫困地区上市企业其他方面的差异。单变量分析中存在显著差异的结果表明，贫困地区上市企业的发行规模（OfferSize）更小、从发布招股说明书到上市日的时间间隔（TimeLag）更长、企业年龄（Age）更小、发行费用（Cost）更低以及更有可能是国有控股（SOE）。

二、多元回归结果

表 6-4 列示了本章的主回归结果。第（1）列和第（2）列的被解释变量分别是 FDR 和 $AdjFDR$。在第（1）列中，$RuralFirm$ 的系数为 0.169 且在 5% 的水平下显著，该结果表明，贫困地区上市企业的平均 IPO 抑价比非贫困地区上市企业高 16.9%。第（2）列的结果同样具有统计意义和经济意义，也能得出相同的结果。总之，本章的主结果验证了假设 6-1b，即贫困地区上市企业比非贫困地区上市企业的 IPO 抑价更高。

表 6-4　　　　　　注册地为贫困地区对 IPO 抑价的影响

变量	(1) FDR	(2) AdjFDR
$RuralFirm$	0.169**	0.170**
	(2.35)	(2.39)
$OfferSize$	-0.073***	-0.071***
	(-2.66)	(-2.61)
$TimeLag$	0.066**	0.064**
	(2.06)	(2.01)
Age	0.000	0.000
	(0.01)	(0.00)
$Cost$	-0.098***	-0.098***
	(-4.20)	(-4.21)
$Big4$	0.056	0.055
	(0.97)	(0.95)
$Size$	-0.010	-0.009
	(-0.49)	(-0.48)
ROE	-0.275**	-0.280**
	(-2.06)	(-2.10)

第六章 贫困地区 IPO 企业新股定价及业绩表现

续表

变量	(1) FDR	(2) AdjFDR
Cash	0.063	0.066
	(1.60)	(1.65)
SOE	0.051**	0.049**
	(2.09)	(2.01)
Duality	0.009	0.009
	(0.45)	(0.46)
Industry	YES	YES
Year/Month	YES	YES
Constant	2.053***	2.046***
	(9.07)	(8.95)
N	2587	2587
Adjusted R^2	0.555	0.555

注：***、**和*分别表示经过双尾检验在1%、5%和10%的水平下显著，括号内为标准误经过异方差和年度/月度聚类调整后的稳健 t 值。

在控制变量方面，当控制变量的系数显著时，结果符合预期。例如，*OfferSize*、*Cost* 和 *ROE* 的系数均显著为负，意味着当企业的发行规模越大、发行费用越高、净资产收益率越高，IPO 抑价越少。*OfferSize*、*TimeLag*、*ROE* 的系数符号和直觉一致，因为它们可以反映 IPO 企业的不确定性。例如，发行规模大、招股时间间隔短、净资产收益率高的企业不确定性程度更低，因此企业不需要给予过多的抑价补偿。*Cost* 的系数说明当企业发行费用较高时，会通过减少抑价来收回成本。*SOE* 的系数表明国有控股的企业会通过降低发行价格来吸引投资者。

三、市场业绩表现

本章的主结果说明贫困地区上市企业比非贫困地区上市企业 IPO 抑

价更高，但IPO抑价是基于首个交易日的收盘价计算的。为了研究的连续性，本章继续考察在首个交易日后，贫困地区上市企业与非贫困地区上市企业的市场业绩表现情况。

具体来看，本章考察了企业上市后10天、30天和60天的短期超额收益率（CAR）以及企业上市后1年、2年和3年的长期超额收益率（BHAR），结果列示在表6-5中。表6-5的Panel A和Panel B分别列示了单变量分析和回归分析结果。由于单变量分析中均值和中位数差异大多不显著，并且回归分析中的系数均不显著，因此这些结果表明贫困地区上市企业与非贫困地区上市企业在短期和长期市场表现上并不存在显著的系统性差异。另外，尽管单变量分析的结果显示，贫困地区上市企业2年和3年的长期超额收益率（BHAR）显著低于非贫困地区上市企业，但回归分析的结果并不显著。总体上，该结果合乎本章假设6-1b的逻辑，即贫困地区上市企业由于信息不对称，难以取得较好的市场表现。

表6-5　　　贫困地区IPO企业上市后的市场业绩表现分析

	Panel A：单变量分析		
变量	(1) 贫困地区上市企业	(2) 非贫困地区上市企业	(3) 均值和中位数差异
CAR_D (1, 10)	0.294 [0.075]	0.347 [0.158]	-0.052 [-0.083]
CAR_D (1, 30)	0.293 [0.082]	0.390 [0.153]	-0.097 [-0.071]
CAR_D (1, 60)	0.298 [0.076]	0.358 [0.149]	-0.060 [-0.073]
BHAR_M (0, 12)	0.170 [-0.009]	0.302 [-0.003]	-0.133 [-0.006]
BHAR_M (0, 24)	-0.187 [-0.206]	0.144 [-0.094]	-0.330** [-0.112*]
BHAR_M (0, 36)	-0.944 [-0.448]	-0.049 [-0.186]	-0.895*** [-0.262**]

第六章　贫困地区 IPO 企业新股定价及业绩表现

续表

	Panel B：回归分析					
变量	(1) CAR_D (1, 10)	(2) CAR_D (1, 30)	(3) CAR_D (1, 60)	(4) BHAR_M (0, 12)	(5) BHAR_M (0, 24)	(6) BHAR_M (0, 36)
$RuralFirm$	0.022 (0.68)	−0.024 (−0.51)	−0.014 (−0.24)	0.027 (0.20)	0.104 (0.53)	−0.037 (−0.12)
$Controls$	YES	YES	YES	YES	YES	YES
$Industry$	YES	YES	YES	YES	YES	YES
$Year/Month$	YES	YES	YES	YES	YES	YES
$Constant$	2.005 *** (9.46)	2.799 *** (9.38)	3.070 *** (9.77)	3.644 *** (4.82)	−0.260 (−0.35)	−4.767 *** (−3.39)
N	2587	2587	2587	2346	2346	2232
Adjusted R^2	0.812	0.764	0.726	0.474	0.240	0.293

注：***、** 和 * 分别表示经过双尾检验在 1%、5% 和 10% 的水平下显著。Panel A 中括号内（外）为中位数（均值），Panel B 括号内为标准误经过异方差和年度/月度聚类调整后的稳健 t 值。

四、基本面业绩表现

除了市场业绩表现，本章还考察了贫困地区上市企业与非贫困地区上市企业在上市前后（前 1 年、后 1 年和后 3 年）的基本面业绩表现情况，结果列示在表 6-6 中。

表 6-6 的 Panel A 列示了单变量分析的结果。该结果显示，贫困地区上市企业与非贫困地区上市企业在上市前一年的基本面表现没有显著差异。尽管无论企业是否处于贫困地区，其基本面表现均从上市前一年到上市后一年逐渐变差，但在上市后一年，贫困地区上市企业的基本面

表现显著优于非贫困地区上市企业。然而,二者上市后三年的基本面表现并不存在显著的差异。表 6-6 的 Panel B 报告的回归结果也呈现同样的规律。我们认为,相比于非贫困地区的企业,贫困地区的企业可能面临更严重的资金问题,因此 IPO 后获得的资金支持短时间内缓解了贫困地区企业的资金短缺问题,进而有助于其上市后短期的基本面业绩表现。但是,从长期来看,受地理位置的影响,其基本面业绩表现无法得到持续的改善。也就是说,由于地理位置的影响,贫困地区企业通过 IPO 获得的资金仅给其基本面表现带来短期效应,并未发挥长期的实质性作用。

表 6-6　贫困地区 IPO 企业上市前后的基本面业绩表现分析

变量	Panel A：单变量分析		
	(1) 贫困地区上市企业	(2) 非贫困地区上市企业	(3) 均值和中位数差异
$ROA(B,1)$	0.120 [0.106]	0.128 [0.116]	-0.008 [-0.010]
$ROE(B,1)$	0.211 [0.203]	0.229 [0.214]	-0.017 [-0.011]
$ROA(A,1)$	0.071 [0.068]	0.062 [0.058]	0.009* [0.010**]
$ROE(A,1)$	0.099 [0.098]	0.090 [0.086]	0.009 [0.012*]
$ROA(A,3)$	0.058 [0.049]	0.056 [0.053]	0.002 [-0.004]
$ROE(A,3)$	0.088 [0.080]	0.083 [0.081]	0.005 [-0.002]

第六章 贫困地区 IPO 企业新股定价及业绩表现

续表

	Panel B：回归分析					
变量	(1)	(2)	(3)	(4)	(5)	(6)
	ROA (B, 1)	ROE (B, 1)	ROA (A, 1)	ROE (A, 1)	ROA (A, 3)	ROE (A, 3)
RuralFirm	0.001	0.003	0.013**	0.015	0.008	0.015
	(0.20)	(0.29)	(2.07)	(1.55)	(0.88)	(1.32)
Controls	YES	YES	YES	YES	YES	YES
Industry	YES	YES	YES	YES	YES	YES
Year/Month	YES	YES	YES	YES	YES	YES
Constant	0.317***	0.028	0.029	-0.085**	-0.026	-0.167***
	(11.09)	(0.57)	(1.12)	(-2.09)	(-0.94)	(-4.04)
N	2587	2587	2346	2346	2141	2141
Adjusted R^2	0.658	0.510	0.211	0.126	0.196	0.135

注：***、**和*分别表示经过双尾检验在1％、5％和10％的水平下显著。Panel A 中括号内（外）为中位数（均值），Panel B 括号内为标准误经过异方差和年度/月度聚类调整后的稳健 t 值。

第五节 机制检验

已有文献指出，发达的交通能缓解信息不对称（赵静等，2018；Chen et al.，2022）。也就是说，交通发达的地区往往具有信息优势，信息不对称程度低。基于此，本章按照交通发达程度划分贫困地区上市企业。具体来看，本章从贫困地区有无高铁站或火车站、到省会城市最近火车站的驾车时间以及到省会城市最近机场的驾车时间三个维度度量贫困地区交通发达程度，并将贫困地区上市企业分为交通较发达和交通不发达两类。其中，RuralFirm_(Non)Station、RuralFirm_TraShort(Long)和 RuralFirm_AirShort(Long) 均是哑变量，分别表示：若企业注册地所属贫困地区（无）有高铁站或火车站为1，否则为0；若企业注册地所属贫困地区到省会城市最近火车站的驾车时间低（高）于中位数为 1，否则为 0；若企业注册地所属贫困地区到省会城市最近飞机场的驾车时间低（高）于中位数为 1，否则为 0。表 6-7 中 Panel A 的结果显示，无论交通是否发达，贫困地区上市企业的 IPO 抑价均更高，但贫困地区地理位置对 IPO 抑价的影响仅在位于交通不发达贫困地区的上市企业中表现显著。该结果印证了贫困地区面临更大的信息不对称的结论，因此 IPO 抑价更高。

另外，本章参照 Bernile et al. (2015) 的研究，利用本地机构投资者持股情况考察投资者的本地偏好。其中，$UrbanFirm$ 表示非贫困地区上市企业，若企业注册地不属于贫困地区为 1，否则为 0；Ins_Dum 表示若与上市企业位于同一省、自治区或直辖市的机构投资者持有该企业股票为 1，否则为 0；Ins 表示与上市企业位于同一省、自治区或直辖市的机构投资者持有该企业股票的比例。若与上市企业位于同一省、自治区或直辖市的机构投资者选择持有该企业股票或持有比例越高，投资者越表现出本地偏好。表 6-7 的 Panel B 报告了回归结果。结果显示，非贫困地区企业的本地机构投资者持股比例更高。该结果说明经济发达地区上市企业便捷的信息传递更容易调动投资者的本地偏好，吸引投资者的关注，降低企业与投资者之间的信息不对称，也从侧面印证了贫困地区比非贫困地区面临更大的信息不对称的结论。

表 6-7　　机制检验的回归结果

变量	Panel A：基于交通状况的信息不对称检验					
	(1) FDR	(2) $AdjFDR$	(3) FDR	(4) $AdjFDR$	(5) FDR	(6) $AdjFDR$
$RuralFirm\_NonStation$	0.197** (2.41)	0.201** (2.48)				
$RuralFirm\_Station$	0.139 (1.21)	0.137 (1.20)				

续表

	Panel A：基于交通状况的信息不对称检验					
变量	(1)	(2)	(3)	(4)	(5)	(6)
	FDR	AdjFDR	FDR	AdjFDR	FDR	AdjFDR
$RuralFirm\_TraLong$			0.225**	0.226**		
			(2.01)	(2.04)		
$RuralFirm\_TraShort$			0.105	0.106		
			(1.02)	(1.02)		
$RuralFirm\_AirLong$					0.239**	0.240**
					(2.08)	(2.11)
$RuralFirm\_AirShort$					0.096	0.097
					(0.96)	(0.97)
Controls	YES	YES	YES	YES	YES	YES
Industry	YES	YES	YES	YES	YES	YES
Year/Month	YES	YES	YES	YES	YES	YES
Constant	2.025***	2.015***	2.108***	2.101***	2.115***	2.108***
	(8.51)	(8.38)	(8.91)	(8.81)	(8.96)	(8.86)
N	2587	2587	2587	2587	2587	2587
Adjusted R^2	0.555	0.555	0.555	0.555	0.555	0.555

	Panel B：基于本地投资者持股比例的本地偏好检验	
变量	(1)	(2)
	Ins_Dum	Ins
$UrbanFirm$	0.166***	0.064***
	(2.82)	(3.83)
Controls	YES	YES
Industry	YES	YES
Year/Month	YES	YES
Constant	-1.179***	-0.683***
	(-4.22)	(-4.26)
N	2587	2587
Adjusted R^2	0.102	0.114

注：***、**和*分别表示经过双尾检验在1%、5%和10%的水平下显著，括号内为标准误经过异方差和年度/月度聚类调整后的稳健 t 值。

第六节 进一步分析

一、基于不同区域范围的进一步分析

国家级贫困县的划分是党中央作出的一项重大部署和安排。如前所述,本章依据国家乡村振兴局公布的国家级贫困县名单定义贫困地区。在本部分,本章将依据人均 GDP 来区分贫困地区。具体来看,本章选择了市级和省级层面的人均 GDP 指标,分年度计算其均值,将人均 GDP 在下 20% 的地区定义为贫困地区,基于不同区域范围进行进一步分析,回归结果列示在表 6-8 中。

表 6-8 的 Panel A 列示了使用市级层面人均 GDP 度量贫困地区的回归结果。相比于主结果,FDR 和 $AdjFDR$ 的系数大小和显著性水平都受到影响,但符号和主结果保持一致。表 6-8 的 Panel B 列示了使用省级层面人均 GDP 度量贫困地区的回归结果。虽然第(1)列和第(2)列的回归系数在符号上为正,但均不显著。该结果表明,用省级人均 GDP 指标区分出的贫困地区上市企业并没有表现出更高的 IPO 抑价。总之,上述两个结果直观地说明:当不断放宽贫困地区的度量区域范围时,噪声会越来越大,贫困地区地理位置对 IPO 抑价的影响效应逐渐变弱。这反映了两个事实:第一,我国国家级贫困县的认定是经过全方位多角度权衡的,能准确识别贫困地区;第二,贫困地区的企业确实存在 IPO 抑价更高的情况。

表 6-8　基于不同区域范围的进一步分析

Panel A：使用市级层面人均 GDP 度量贫困地区		
变量	(1)	(2)
	FDR	*AdjFDR*
RuralFirm	0.114*	0.116*
	(1.74)	(1.79)
Controls	YES	YES
Industry	YES	YES
Year/Month	YES	YES
Constant	3.173***	3.089***
	(13.16)	(12.81)
N	1896	1896
Adjusted R^2	0.678	0.678
Panel B：使用省级层面人均 GDP 度量贫困地区		
变量	(1)	(2)
	FDR	*AdjFDR*
RuralFirm	0.032	0.031
	(1.01)	(0.99)
Controls	YES	YES
Industry	YES	YES
Year/Month	YES	YES
Constant	2.014***	1.997***
	(9.77)	(9.69)
N	2346	2346
Adjusted R^2	0.671	0.672

注：***、**和*分别表示经过双尾检验在1%、5%和10%的水平下显著，括号内为标准误经过异方差和年度/月度聚类调整后的稳健 t 值。

二、基于不同时间范围的进一步分析

尽管中国 IPO 市场发展的历史并不长,但在发展过程中,IPO 制度经历了很多重要的变革。考虑到本章的样本区间从 1995 年 2 月 17 日开始,截止到 2020 年 12 月 31 日,跨度比较大。为了更清晰、全面地捕捉贫困地区企业上市对 IPO 抑价的影响,基于前文提到的 IPO 制度相关变革背景,本章分别选择了询价制改革和交易所限制新股开盘价的两个关键时间点,并以此为依据,将样本划分成三个时间段,观察基于不同时间范围的进一步分析结果。

第一个关键时间点是询价制实施的时点。我国自 2005 年 1 月 1 日起正式实施询价制。询价制的目的在于利用询价增进信息沟通,减少发行人与投资者之间的信息不对称,提升 IPO 定价的准确性。第二个关键时间点是上海和深圳交易所首次对新股上市的开盘价进行限制的时点。2013 年 12 月 13 日,上海及深圳证券交易所分别发布关于进一步加强新股上市初期交易监管的通知》和《关于首次公开发行股票上市首日盘中临时停牌制度等事项的通知》,对新股上市首日的交易行为进行严格限制。其中,上海证券交易所除了实行临时停牌制度外,还设定了涨跌幅限制。因此,基于上述两个关键时点,本章的样本可以划分成三个时间段:1995 年 2 月 17 日至 2004 年 12 月 31 日、2005 年 1 月 1 日至 2013 年 12 月 13 以及 2013 年 12 月 14 日至 2020 年 12 月 31 日。

表 6-9 列示了基于上述三个时间段的进一步分析结果。表 6-9 的 Panel A 列示了单变量分析结果,结果表明,在 1995 年 2 月 17 日至 2004 年 12 月 31 日之间,贫困地区上市企业与非贫困地区上市企业的 IPO 抑价并没有显著差异。但在 2005 年 1 月 1 日至 2013 年 12 月 13 日以及 2013 年 12 月 14 日至 2020 年 12 月 31 日之间,贫困地区上市企业 IPO 抑价显

著更高。根据表 6-9 中 Panel B 的回归结果也能得到相同的结论。同时本章发现，贫困地区与非贫困地区的 IPO 抑价均下降，这验证了询价制改革具有缓解信息不对称的作用。

表 6-9　　　　　　　　基于不同时间范围的进一步分析

		Panel A：单变量分析						
年度		贫困地区上市企业			非贫困地区上市企业		均值和中位数差异	
	N	FDR	AdjFDR	N	FDR	AdjFDR	FDR	AdjFDR
1995.2.17— 2004.12.31	20	1.348 [1.240]	1.337 [1.226]	262	1.116 [1.002]	1.116 [1.001]	0.232 [0.238*]	0.221 [0.225]
2005.1.1— 2013.12.13	12	0.729 [0.608]	0.723 [0.602]	879	0.442 [0.298]	0.443 [0.303]	0.287* [0.310]	0.280* [0.299]
2013.12.14— 2020.12.31	32	0.651 [0.440]	0.657 [0.443]	1382	0.503 [0.440]	0.501 [0.438]	0.148** [-0.000]	0.156** [0.005**]
		Panel B：回归分析						
	1995.2.17—2004.12.31		2005.1.1—2013.12.13		2013.12.14—2020.12.31			
变量	(1)	(2)	(3)	(4)	(5)	(6)		
	FDR	AdjFDR	FDR	AdjFDR	FDR	AdjFDR		
$RuralFirm$	-0.084 (-0.38)	-0.085 (-0.38)	0.253* (1.74)	0.245* (1.72)	0.149* (1.75)	0.153* (1.81)		
$Controls$	YES	YES	YES	YES	YES	YES		
$Industry$	YES	YES	YES	YES	YES	YES		
$Year/Month$	YES	YES	YES	YES	YES	YES		
Constant	6.392*** (4.49)	6.374*** (4.51)	2.780*** (7.00)	2.790*** (7.01)	0.898*** (3.41)	0.880*** (3.30)		
N	282	282	891	891	1414	1414		
Adjusted R^2	0.572	0.570	0.633	0.635	0.274	0.274		
Diff. (p-value)			(3)-(5) 0.29	(4)-(6) 0.35				

注：***、**和*分别表示经过双尾检验在1%、5%和10%的水平下显著。Panel A 中括号内（外）为中位数（均值），Panel B 括号内为标准误经过异方差和年度/月度聚类调整后的稳健 t 值。

上述结果与本章主结果的逻辑一致。在询价制改革之后，经济发达地区的企业可以更方便地通过询价制度促进信息交流，而贫困地区由于地理位置的影响仍存在信息传递不充分的情况。因此，在询价制改革之后，贫困地区与非贫困地区 IPO 抑价的差异更加显著。

三、贫困地区 IPO 企业上市后的被关注度分析

已有文献表明，地理位置会影响企业的被关注度（O'Brien and Tan，2015）。在此基础上，本章对贫困地区企业上市前后的被关注度进行进一步分析。具体来看，本章使用分析师关注度（Analyst）来度量企业被关注情况，分析师关注度 = Ln（1 + 分析师跟踪数量）。对此，本章定义了一个新变量 Analyst（A，y），该变量表示企业上市后 y 年的平均被关注度。表 6 - 10 列示了贫困地区 IPO 企业上市前后被关注度的分析结果。

表 6 - 10 的 Panel A 中列示了单变量分析结果。由此可知，在上市当年，贫困地区上市企业与非贫困地区上市企业的被关注度并没有显著差异。但在上市后一年、上市后两年以及上市后三年，贫困地区上市企业的平均被关注度都显著低于非贫困地区上市企业。表 6 - 10 的 Panel B 列示了回归分析结果，第（1）列的系数不显著，而第（2）（3）和（4）列的系数均为负且显著。该结果同样说明贫困地区上市企业的被关注度更低。总之，在贫困地区上市的企业并没有在 IPO 之后受到更多的关注，而企业被广泛关注能有效地降低信息不对称（O'Brien and Tan，2015）。因此，本部分的分析既印证了地理位置会影响企业被关注度的观点，又从侧面证实贫困地区上市企业的确由于地理位置的原因遭受了更大的信息不对称。

第六章 贫困地区 IPO 企业新股定价及业绩表现

表 6-10　　贫困地区 IPO 企业上市前后的被关注度分析

变量	Panel A：单变量分析		
	(1) 贫困地区上市企业	(2) 非贫困地区上市企业	(3) 均值和中位数差异
Analyst (A, 0)	1.471	1.690	-0.219
	[1.386]	[1.792]	[-0.405]
Analyst (A, 1)	1.062	1.439	-0.377**
	[0.693]	[1.386]	[-0.693**]
Analyst (A, 2)	1.033	1.456	-0.423**
	[0.693]	[1.445]	[-0.752**]
Analyst (A, 3)	1.009	1.450	-0.441**
	[0.530]	[1.410]	[-0.880***]

变量	Panel B：回归分析			
	(1) Analyst (A, 0)	(2) Analyst (A, 1)	(3) Analyst (A, 2)	(4) Analyst (A, 3)
RuralFirm	0.033	-0.306**	-0.370**	-0.389**
	(0.37)	(-2.03)	(-2.48)	(-2.49)
Controls	YES	YES	YES	YES
Industry	YES	YES	YES	YES
Year/Month	YES	YES	YES	YES
Constant	-3.030***	-4.800***	-5.210***	-4.840***
	(-7.58)	(-7.62)	(-8.09)	(-7.51)
N	2489	2334	2220	2129
Adjusted R^2	0.677	0.289	0.291	0.295

注：***、**和*分别表示经过双尾检验在1%、5%和10%的水平下显著。Panel A 中括号内（外）为中位数（均值），Panel B 括号内为标准误经过异方差和年度/月度聚类调整后的稳健 t 值。

四、贫困地区 IPO 企业上市后的代理成本分析

基于信息不对称理论，接下来，本章对贫困地区 IPO 企业上市前后

的代理成本进行进一步分析。参照文献的做法(戴亦一等,2016),本章使用经营费用率(AgC)来度量企业的代理成本,经营费用率=(管理费用+销售费用)/营业收入。为了简化表达,本章定义了一个新变量$AgC(B/A,y)$,该变量表示企业上市前(后)y年的平均代理成本。表 6-11 列示了贫困地区 IPO 企业上市前后代理成本的分析结果。

表 6-11 的 Panel A 列示了单变量分析结果。由此可知,无论是上市前一年、上市当年、上市后一年还是上市后三年,贫困地区上市企业的平均代理成本都显著大于非贫困地区上市企业。表 6-11 的 Panel B 列示了回归分析结果,第(1)(2)(3)和(4)列显著为正的系数同样说明贫困地区上市企业的代理成本更高。总体来看,基于贫困地区企业上市前后代理成本的进一步分析表明,贫困地区上市企业比非贫困地区上市企业具有更大的代理成本。这与假设 6-1b 的理论分析相呼应,印证了贫困地区上市企业由于地理因素的影响会面临更大的信息不对称的观点。

表 6-11　　　　贫困地区 IPO 企业上市前后的代理成本分析

	Panel A:单变量分析		
变量	(1) 贫困地区上市企业	(2) 非贫困地区上市企业	(3) 均值和中位数差异
$AgC(B,1)$	0.208 [0.174]	0.159 [0.135]	0.049*** [0.040***]
$AgC(B,0)$	0.211 [0.175]	0.165 [0.140]	0.046*** [0.035***]
$AgC(A,1)$	0.234 [0.174]	0.174 [0.144]	0.059*** [0.030***]
$AgC(A,3)$	0.255 [0.199]	0.177 [0.146]	0.077*** [0.053***]

续表

	Panel B：回归分析			
变量	(1) $AgC(B,1)$	(2) $AgC(B,0)$	(3) $AgC(A,1)$	(4) $AgC(A,3)$
$RuralFirm$	0.045***	0.049***	0.053**	0.071**
	(2.76)	(2.97)	(2.25)	(2.59)
Controls	YES	YES	YES	YES
Industry	YES	YES	YES	YES
Year/Month	YES	YES	YES	YES
Constant	0.714***	0.711***	0.742***	0.813***
	(12.47)	(11.18)	(9.11)	(9.22)
N	2587	2587	2346	2141
Adjusted R^2	0.238	0.246	0.235	0.239

注：***、**和*分别表示经过双尾检验在1%、5%和10%的水平下显著。Panel A 中括号内（外）为中位数（均值），Panel B 括号内为标准误经过异方差和年度/月度聚类调整后的稳健 t 值。

第七节 稳健性检验

一、替换被解释变量

为了维护市场稳定，保障投资者利益，中国证券监管部门对新股首日交易价格实施管制。特别是在2013年后，上海和深圳证券交易所规定集合竞价阶段有效申报价格不得高于发行价格的120%且不得低于发行价格的80%，连续竞价阶段有效申报价格不得高于发行价格的144%且不得低于发行价格的64%。在此背景下，使用首日收盘价作为计算 FDR 的基数可能存在度量误差。鉴于此，本章参照 Chung et al.（2005）和 Huang et al. (2021) 的研究，使用上市后前十个交易日的平均收盘价作为计算 FDR 的基数（FDR10），对主结果进行稳健性检验。同时，本章也计算了上述结果在经市场调整后的结果（AdjFDR10）。回归结果如表 6-12 所示。尽管 RuralFirm 的系数变小，但仍在 5% 的水平下显著为正，说明本章的主结果是稳健的。

表 6-12　　　　　　　　替换被解释变量后的回归结果

变量	(1) FDR10	(2) AdjFDR10
RuralFirm	0.156**	0.156**
	(2.35)	(2.36)
Controls	YES	YES
Industry	YES	YES
Year/Month	YES	YES
Constant	3.682***	3.671***
	(14.83)	(14.78)
N	2587	2587
Adjusted R^2	0.694	0.693

注：***、**和*分别表示经过双尾检验在 1%、5% 和 10% 的水平下显著，括号内为标准误经过异方差和年度/月度聚类调整后的稳健 t 值。

二、替换解释变量

考虑到企业的注册地址和办公地址可能不一致，本章使用注册地址定义关键解释变量 RuralFirm 可能存在度量误差。为了缓解这一度量误差，本章使用办公地址作为 RuralFirm 的定义标准重新进行回归，结果如表 6-13 所示。可以看到，RuralFirm 的系数仍然在 5% 的水平下显著为正，说明本章的结论是稳健的。

第六章 贫困地区 IPO 企业新股定价及业绩表现

表 6 – 13　　　　　　　　替换解释变量后的回归结果

变量	(1) FDR	(2) AdjFDR
RuralFirm	0.209**	0.211**
	(2.37)	(2.41)
Controls	YES	YES
Industry	YES	YES
Year/Month	YES	YES
Constant	2.207***	2.201***
	(9.70)	(9.58)
N	2587	2587
Adjusted R^2	0.555	0.555

注：***、**和*分别表示经过双尾检验在1%、5%和10%的水平下显著，括号内为标准误经过异方差和年度/月度聚类调整后的稳健 t 值。

三、样本匹配

为了更精准地观测贫困地区上市企业与非贫困地区上市企业 IPO 抑价方面的差异，本章将贫困地区上市企业作为实验组，利用不同的匹配方法，构造出相同样本数量的非贫困地区上市企业作为对照组，结果列示在表 6 – 14 中。

表 6 – 14 中 Panel A 的样本是依次根据同行业（Industry）、企业规模（Size）四分组后位于同组以及盈利性（EPS）最接近的原则构造的 1∶1 匹配。RuralFirm 的系数分别为 0.161 和 0.166，且均在 10% 的水平下显著。另外，本章还使用倾向得分匹配（PSM）构造了 1∶1 的近邻匹配样本。具体来看，本章将贫困地区上市企业作为实验组，同时将主回归中的控制变量作为匹配变量进行 Logit 回归选择对照组，最后以实验组和对照组为样本对模型（6 – 1）进行回归。表 6 – 14 的 Panel B 和 Panel C 是倾向得

分匹配（PSM）的结果。其中，表 6-14 的 Panel B 列示了匹配变量经 PSM 后的样本差异，结果表明实验组和对照组的样本不存在显著差异。表 6-14 的 Panel C 列示了经 PSM 后的回归结果，结果表明贫困地区上市企业 IPO 抑价更高，同样验证了本章主结果。

表 6-14　　样本匹配后的回归结果

Panel A：同行业内近似规模和盈利性 1:1 匹配		
变量	(1) FDR	(2) AdjFDR
RuralFirm	0.161* (1.72)	0.166* (1.76)
Controls	YES	YES
Industry	YES	YES
Year/Month	YES	YES
Constant	2.874 (1.52)	2.894 (1.54)
N	128	128
Adjusted R^2	0.439	0.432

Panel B：PSM 的 1:1 匹配后的效果检验						
变量	贫困地区上市企业		非贫困地区上市企业		均值差异	p 值
	N	均值	N	均值		
OfferSize	64	13.036	64	12.946	0.091	0.473
TimeLag	64	3.237	64	3.199	0.038	0.541
Age	64	2.126	64	2.097	0.029	0.837
Cost	64	8.098	64	8.052	0.046	0.730
Big4	64	0.078	64	0.047	0.031	0.469
Size	64	20.523	64	20.299	0.224	0.242
ROE	64	0.208	64	0.211	-0.003	0.854
Cash	64	0.197	64	0.182	0.016	0.555
SOE	64	0.391	64	0.344	0.047	0.586
Duality	64	0.188	64	0.250	-0.063	0.396

续表

Panel C：PSM 的 1:1 匹配回归结果

变量	(1) FDR	(2) AdjFDR
RuralFirm	0.246*	0.252*
	(1.77)	(1.82)
Controls	YES	YES
Industry	YES	YES
Year/Month	YES	YES
Constant	0.549	0.677
	(0.25)	(0.30)
N	128	128
Adjusted R^2	0.406	0.402

注：***、** 和 * 分别表示经过双尾检验在 1%、5% 和 10% 的水平下显著，括号内为标准误经过异方差和年度/月度聚类调整后的稳健 t 值。

四、考虑地区因素影响

黄张凯等（2016）基于中国背景发现当企业在金融发达地区上市时，其 IPO 抑价更低。事实上，金融发达地区往往集中在北京、上海、深圳等城市，而大多数中国企业也倾向于在这些城市上市。由于在金融发达城市上市的企业本身就存在较低的 IPO 抑价，这表明地区因素可能会影响本章主结果的稳健性。于是，本章采取以下措施排除地区因素的影响，相关回归结果列示在表 6-15 中。

首先，本章剔除了注册地为金融发达城市（北京、上海、深圳）的样本，剩余样本量为 1949 个，其中包括 64 家贫困地区上市企业。表 6-15 的 Panel A 中列示了该处理下的回归结果。结果表明，在剔除注册地为金融发达城市的样本后，主结果依然稳健。其次，本章在模型（6-1）中加入固定地区效应。具体来看，本章根据企业注册地所在省、自治区或直辖市设置虚拟变量。表 6-15 中 Panel B 的结果表明，在考虑固定地区效应后，$RuralFirm$ 的系数仍然均在 10% 的水平下显著为正，和主结果一致。最后，在表 6-15 的 Panel C 中，本章同时剔除注册地为金融发达城市的样本并考虑地区固定效应，结果同样未发生改变。

表 6-15　　　　剔除金融发达城市和控制地区因素的回归结果

Panel A：剔除注册地为金融发达城市的样本（北京、上海、深圳）		
变量	(1) FDR	(2) AdjFDR
$RuralFirm$	0.171**	0.172**
	(2.27)	(2.30)
Controls	YES	YES
Industry	YES	YES
Year/Month	YES	YES
Constant	2.208***	2.206***
	(8.31)	(8.27)
N	1949	1949
Adjusted R^2	0.551	0.551
Panel B：考虑固定地区效应		
变量	(1) FDR	(2) AdjFDR
$RuralFirm$	0.149*	0.149*
	(1.69)	(1.71)
Controls	YES	YES
Industry	YES	YES
Year/Month	YES	YES
Area	YES	YES
Constant	2.252***	2.242***
	(6.36)	(6.32)
N	2587	2587
Adjusted R^2	0.557	0.557

第六章 贫困地区IPO企业新股定价及业绩表现

续表

Panel C：同时剔除注册地为金融发达城市（北京、上海和深圳）的样本和考虑固定地区效应

变量	(1) FDR	(2) AdjFDR
RuralFirm	0.163*	0.163*
	(1.79)	(1.81)
Controls	YES	YES
Industry	YES	YES
Year/Month	YES	YES
Area	YES	YES
Constant	2.415***	2.409***
	(6.17)	(6.15)
N	1949	1949
Adjusted R^2	0.553	0.553

注：***、**和*分别表示经过双尾检验在1%、5%和10%的水平下显著，括号内为标准误经过异方差和年度/月度聚类调整后的稳健t值。

五、样本的代表性与完整性

本章将所有位于2014年国家乡村振兴局公布的贫困县名单地区的上市企业定义为 RuralFirm，包括在2014年之前上市的企业以及在已脱贫摘帽后上市的企业。事实上，在2014年之前，国家级贫困县名单主要经过三次调整，分别是1994年、2001年和2012年，并且从2016年开始，我国贫困县逐年脱贫摘帽。因此，这样的度量可能会导致两方面的问题：一是不同时间段确定的贫困县名单不一致；二是贫困县的动态变化可能对结果造成影响。对此，本章拟通过以下方法进行稳健性检验。

首先，我们认为，虽然国家级贫困县名单在2014年之前经过三次调整，但是总体上该名单呈现"增多减少"的趋势。也就是说，2014年的

贫困县名单更为全面完整，在很大程度上涵盖了之前认定的全部贫困县。因此，本章使用历年贫困县汇总名单进行稳健性检验，结果呈现在表6-16的Panel A中，该结果与本章主结果保持一致。

其次，我们认为，由于贫困问题的长期性和持久性，脱贫摘帽在短期内难以改变贫困县偏远的地理特质。对此，本章采用两种方法来验证脱贫摘帽不会对本章结论造成影响。一方面，本章根据贫困县脱贫摘帽时间点构造了一个多期DID模型。其中，$Post\_RuralFirm$是一个哑变量，若企业注册地所属贫困县在企业上市时已经脱贫摘帽为1，否则为0。结果呈现在表6-16的Panel B中。该结果说明本章的结论并没有受到贫困县脱贫摘帽的影响。另一方面，本章将$RuralFirm$拆分成两个哑变量$RuralFirm\_After$和$RuralFirm\_Before$，分别表示企业注册地所属贫困县在企业上市时已经（没有）脱贫摘帽，结果见表6-16的Panel C。该结果同样说明本章的结论并没有受到贫困县脱贫摘帽的影响。

表6-16　　　　　　考虑样本代表性与完整性的回归结果

变量	Panel A：使用历年贫困县汇总名单定义贫困地区	
	(1) FDR	(2) $AdjFDR$
$RuralFirm$	0.155**	0.156**
	(2.39)	(2.40)
Controls	YES	YES
Industry	YES	YES
Year/Month	YES	YES
Constant	2.075***	2.068***
	(8.77)	(8.67)
N	2587	2587
Adjusted R^2	0.555	0.555

续表

	Panel B：根据贫困县脱贫摘帽时间点构造多期 DID 模型	
变量	(1) FDR	(2) AdjFDR
Post_RuralFirm	0.308* (1.73)	0.306* (1.74)
Controls	YES	YES
Industry	YES	YES
Year/Month	YES	YES
Constant	2.271*** (9.87)	2.265*** (9.77)
N	2587	2587
Adjusted R^2	0.555	0.555
	Panel C：根据企业上市时贫困县是否脱贫摘帽进一步划分贫困县上市企业	
变量	(1) FDR	(2) AdjFDR
RuralFirm_After	0.310* (1.75)	0.308* (1.76)
RuralFirm_Before	0.111* (1.75)	0.113* (1.81)
Diff. ($\alpha१ - \alpha२$)	0.200 [1.15]	0.195 [1.14]
Controls	YES	YES
Industry	YES	YES
Year/Month	YES	YES
Constant	2.129*** (8.91)	2.121*** (8.78)
N	2587	2587
Adjusted R^2	0.555	0.555

注：***、**和*分别表示经过双尾检验在1%、5%和10%的水平下显著，括号内为标准误经过异方差和年度/月度聚类调整后的稳健 t 值。

第八节 本章小结

本章以 1995—2020 年中国 A 股上市企业数据,基于中国国家乡村振兴局公布的贫困县名单直接精准地识别贫困地区,研究了中国贫困地区企业上市行为及其业绩表现,主要结论可以概括为以下几点:(1)中国贫困地区上市企业比非贫困地区上市企业的 IPO 抑价更高,与以美国为研究背景的研究结论相反,说明本地偏好和信息优势假说在中国贫困地区并不适用,中国贫困地区上市企业反而面临更加严重的信息不对称问题;(2)贫困地区上市企业与非贫困地区上市企业在 IPO 之后的市场表现方面无显著差异,而贫困地区上市企业的基本面表现在上市后一年存在短期的改善,但是长期来看并无实质影响;(3)基于不同区域范围的进一步分析发现,根据人均 GDP 不断放宽贫困地区的度量区域范围之后,贫困地区地理位置对 IPO 抑价的影响效应逐渐变弱,但方向未发生改变;(4)基于不同时间范围的进一步分析发现,根据 IPO 制度改革时点划分不同时间范围之后,贫困地区地理位置对 IPO 抑价的影响未发生较大改变;(5)贫困地区上市企业面临更高的代理成本和更低的分析师关注度。总之,本章研究表明,在中国情景下,贫困地区面临更大的信息不对称问题,损害了首发企业的定价机制。

本章的研究贡献主要体现在:

第一,拓展了有关 IPO 抑价的文献,挑战了西方文献中的本地偏好和信息优势假说。已有研究主要通过信息不对称(Rock,1986;Heng and Kam,2008;张学勇和张秋月,2018)、监管制度(宋顺林和唐斯圆,2017;魏志华等,2019)、投资者情绪(Derrien,2005;Ljungqvist et al.,2006)、发行方股权特征(张学勇和张叶青,2016;Ozmel et al.,2018)

以及企业行为特征（Huang et al., 2021）等来解释IPO抑价。本章研究基于信息不对称理论，进一步发现中国贫困地区上市企业比非贫困地区上市企业具有更高的IPO抑价。因此，本章研究丰富了有关IPO抑价影响因素的文献，考虑并补充说明了本地偏好和信息优势假说在不同背景下的适用性。

第二，丰富了有关地理位置经济影响的文献（Loughran and Schultz, 2005; John et al., 2011; Nielsson and Wójcik, 2016）。由于地理位置无法被直接界定，现有文献大多采用距离来度量企业所在地的地理位置。例如，通过度量企业所在地到人口密集区或金融发达区的距离，进而将企业区分为农村企业和城市企业。然而，本章利用中国国家乡村振兴局认定的贫困县名单，直接准确地区分贫困地区上市企业和非贫困地区上市企业，进而探究贫困地区上市对IPO定价的经济影响。

本章研究可以带来以下两方面的启示：第一，对于企业上市而言，应当重视地理位置的经济影响。本章研究表明，贫困地区面临较大的信息不对称问题，使贫困地区上市企业比非贫困地区上市企业具有更高的IPO抑价，降低了资源配置效率。因此，位于贫困地区的企业应当更加关注信息的释放，采取有效手段加强与投资者、债权人和分析师等多方的信息交流，缓解信息劣势。第二，对于监管部门而言，应当不断加强和完善后续IPO相关监管制度，发挥中国特色社会主义制度的优势。证监会为响应脱贫攻坚工作的号召，为贫困地区企业上市开辟了绿色通道。然而，本章研究发现，贫困地区上市的企业存在IPO定价效率低和代理成本高等问题。因此，监管部门应当出台后续监管政策，在推动贫困地区经济发展的同时，保障投资者利益，促进资本市场整体的和谐发展。

第七章 研究结论与展望

作为世界上最大的新兴市场国家，中国为企业首发上市行为研究提供了丰富的研究场景和研究数据。以此为基础，本书以 IPO 定价及业绩表现为切入点，重点关注四类独具中国特色的企业首发上市行为，包括企业首发上市行贿行为、企业上市前突击分红行为、媒体关联企业上市行为和贫困地区企业的上市行为。

具体地，本书首先梳理了中国企业首发上市的相关制度背景，展示了自 1990 年至 2021 年中国首发上市企业的变化趋势及分布情况，介绍了企业首发上市的流程和监管制度。其次，在党中央开展反腐败运动的背景下，本书利用公开披露的发审委委员受贿信息，以 2009—2017 年创业板上市企业为样本，考察了企业首发上市行贿行为对 IPO 定价及业绩表现的影响。再次，在中国散户投资者较多且偏好现金股利的背景下，本书注意到有一定数量的企业在上市前发放高额现金股利，基于此，以 2006—2019 年中国 A 股上市企业为样本，考察了企业上市前突击分红行为对 IPO 定价及上市后业绩的影响，解释了中国公司上市前分红之谜。然后，鉴于中国是独特的关系型社会，本书以 2006—2018 年中国 A 股上市企业为样本，手工识别媒体高管与拟上市企业高管之间的关联关系，考察了媒体关联企业上市行为对 IPO 定价及其业绩表现的影响。最后，在中国脱贫攻坚战取得举世瞩目成就的背景下，本书以 1995—2020 年中国 A 股上市企业为样本，考察了贫困地区企业上市行为对 IPO 定价的影响以及该类企业上市后的业绩表现。通过上述研究，本书得出以下主要研究结论：

第一，激烈的上市竞争和上市后巨大的利益驱使部分企业通过贿赂发审委委员以提高上市通过率，这类行贿企业往往规模较小、经营业绩不稳定，并且给予承销商和管理层更多的报酬。同时，虽然行贿企业在上市前后的经营业绩并不比非行贿企业差，但是相比于非行贿企业，行贿企业的 IPO 发行定价更高，IPO 抑价更低，IPO 后市场业绩表现更差。在企业上市行贿丑闻暴露时，受贿发审委委员曾经审核过的上市企业股票价格显著降低，表明投资者对该行为进行了定价。

第二，面对激烈的 IPO 市场竞争，部分企业选择通过发放现金股利向市场传递积极信号，提升投资者对股票估值的预期，进而降低信息不对称，提升 IPO 定价效率。相比于上市前不发放现金股利的企业，上市前突击分红帮助企业获得了更低的 IPO 抑价、更好的 IPO 后市场业绩表现。并且，上市前突击分红并非全部属于社会公众担心的短期投机行为，因为上市前分红企业在上市后依然采取了连续稳定的股利政策，而且比上市前未分红企业分配了更多的现金股利。

第三，拟 IPO 企业可以借助公司高管与新闻媒体高管之间的关联关系操纵媒体报道，使其在上市前经历更多、更正面的报道，并同时进行盈余管理活动，以取得投资者和监管者的肯定，由此降低 IPO 抑价，获得更多的 IPO 融资。然而，关联关系损害了 IPO 定价效率，这是导致媒体关联企业上市后的市场业绩表现更差的主要原因。

第四，中国贫困地区上市企业面临更加严重的信息不对称问题，这损害了 IPO 定价效率，表现为 IPO 抑价更高。同时，贫困地区上市企业与非贫困地区上市企业在上市后的市场业绩表现和经营业绩表现均无差异。同时，由于信息不对称的存在，位于贫困地区的上市企业往往具有更高的代理成本和更低的分析师关注度。这一研究发现与西方国家本地

IPO企业具有信息优势、IPO抑价更低的情况截然不同。

　　基于对中国企业首发上市制度背景的梳理以及对本书现有研究结论的思考，本书最后对未来研究做些展望。第一，科创板的开通为研究中国情景下的企业首发上市行为提供了新的场景。科创板允许一些未盈利的企业上市，意味着这些企业的价值评估不能遵循传统的估值方式，这可能影响新股定价。因此，本书结论在科创板企业的适用性仍有待进一步研究。第二，注册制的实施为研究中国情景下的企业首发上市行为提供了新的视角。本书研究以核准制为基础，发现行贿企业通过行贿的方式提高发审委通过率，媒体关联企业通过操纵媒体报道的方式获得监管者的认可。然而，在注册制下，监管部门只对申报文件的真实性、准确性、完整性和及时性做出形式审查，由证券中介机构判断首发企业的质量。因此，在注册制下，首发上市企业是否仍有动机通过行贿、关联关系等方式实现上市目的以及如何有效监管此类企业质量，都值得深入研究。第三，本书关于IPO抑价的讨论尚未区分一级市场抑价和二级市场抑价，事实上，新股在一级市场和二级市场的定价不是割裂存在的，然而，现有的这方面研究十分稀缺。因此，后续研究有必要考虑新股定价中的一级市场与二级市场的联动。

参考文献

[1] 才国伟、邵志浩、徐信忠,2015:《企业和媒体存在合谋行为吗?——来自中国上市公司媒体报道的间接证据》,《管理世界》,第7期。

[2] 蔡春、李明、和辉,2013:《约束条件、IPO 盈余管理方式与公司业绩——基于应计盈余管理与真实盈余管理的研究》,《会计研究》,第10期。

[3] 陈俊、陈汉文,2010:《IPO 价格上限管制的激励效应与中介机构的声誉价值——来自我国新股发行市场化改革初期的经验证据》,《会计研究》,第12期。

[4] 戴亦一、肖金利、潘越,2016:《"乡音能否降低公司代理成本?——基于方言视角的研究》,《经济研究》,第12期。

[5] 黄俊、郭照蕊,2014:《新闻媒体报道与资本市场定价效率——基于股价同步性的分析》,《管理世界》,第5期。

[6] 黄张凯、刘津宇、马光荣,2016:《地理位置、高铁与信息:来自中国 IPO 市场的证据》,《世界经济》,第10期。

[7] 孔东民、刘莎莎、应千伟,2013:《公司行为中的媒体角色:激浊扬清还是推波助澜?》,《管理世界》,第7期。

[8] 李常青、魏志华、吴世农,2010:《半强制分红政策的市场反应研究》,《经济研究》,第3期。

[9] 李青原、陈世来，2021：《企业上市与税收规避》，《世界经济》，第 11 期。

[10] 刘煜辉、熊鹏，2005：《股权分置、政府管制和中国 IPO 抑价》，《经济研究》，第 5 期。

[11] 龙小宁、张靖，2021：《IPO 与专利管理：基于中国企业的实证研究》，《经济研究》，第 8 期。

[12] 潘越、吴超鹏、史晓康，2010：《社会资本、法律保护与 IPO 盈余管理》，《会计研究》，第 5 期。

[13] 屈源育、吴卫星、沈涛，2018：《IPO 还是借壳：什么影响了中国企业的上市选择？》，《管理世界》，第 9 期。

[14] 邵新建、薛熠、江萍、赵映雪、郑文才，2013：《投资者情绪、承销商定价与 IPO 新股回报率》，《金融研究》，第 4 期。

[15] 宋福铁、屈文洲，2010：《基于企业生命周期理论的现金股利分配实证研究》，《中国工业经济》，第 2 期。

[16] 宋顺林，2022：《中国式 IPO 定价：一个文献综述》，《中央财经大学学报》，第 1 期。

[17] 宋顺林、唐斯圆，2017：《IPO 定价管制、价值不确定性与投资者"炒新"》，《会计研究》，第 1 期。

[18] 宋玉、沈吉、范敏虹，2012：《上市公司的地理特征影响机构投资者的持股决策吗？——来自中国证券市场的经验证据》，《会计研究》，第 7 期。

[19] 孙淑伟、肖土盛、付宇翔、陈信元，2015：《IPO 配售中的利益联盟——基于基金公司与保荐机构的证据》，《财经研究》，第 5 期。

[20] 汤伟、徐立恒，2016：《股票还是彩票：博彩偏好与 IPO 之谜》，《投资研究》，第 4 期。

[21] 汤晓燕、黄亮华，2021：《IPO 审核严格程度和过会公告的行

业效应研究》,《管理评论》,第 8 期。

[22] 汪昌云、武佳薇,2015:《媒体语气,投资者情绪与 IPO 定价》,《金融研究》,第 9 期。

[23] 汪昌云、武佳薇、孙艳梅、甘顺利,2015:《公司的媒体信息管理行为与 IPO 定价效率》,《管理世界》,第 1 期。

[24] 王化成、李春玲、卢闯,2007:《控股股东对上市公司现金股利政策影响的实证研究》,《管理世界》,第 1 期。

[25] 魏志华、曾爱民、吴育辉、李常青,2019:《IPO 首日限价政策能否抑制投资者"炒新"?》,《管理世界》,第 1 期。

[26] 魏志华、易杰、李常青、吴育辉,2018:《IPO 补税:特征、动因与经济后果》,《世界经济》,第 2 期。

[27] 熊艳、李常青、魏志华,2014:《媒体报道与 IPO 定价效率:基于信息不对称与行为金融视角》,《世界经济》,第 5 期。

[28] 杨其静、程商政、朱玉,2015:《VC 真在努力甄选和培育优质创业型企业吗?——基于深圳创业板上市公司的研究》,《金融研究》,第 4 期。

[29] 于富生、王成方,2012:《国有股权与 IPO 抑价——政府定价管制视角》,《金融研究》,第 9 期。

[30] 张光利、薛慧丽、高皓,2021:《企业 IPO 价值审核与股票市场表现》,《经济研究》,第 10 期。

[31] 张光利、薛慧丽、林嵩,2022:《IPO 事件对地区创业活动的影响研究》,《财经研究》,第 5 期。

[32] 张劲帆、李丹丹、杜涣程,2020:《IPO 限价发行与新股二级市场价格泡沫——论股票市场"弹簧效应"》,《金融研究》,第 1 期。

[33] 张劲帆、李汉涯、何晖,2017:《企业上市与企业创新——基于中国企业专利申请的研究》,《金融研究》,第 5 期。

[34] 张玮婷、王志强，2015：《地域因素如何影响公司股利政策："替代模型"还是"结果模型"?》，《经济研究》，第5期。

[35] 张学勇、廖理，2011：《风险投资背景与公司IPO：市场表现与内在机理》，《经济研究》，第6期。

[36] 张学勇、张秋月，2018：《券商声誉损失与公司IPO市场表现——来自中国上市公司IPO造假的新证据》，《金融研究》，第10期。

[37] 张学勇、张叶青，2016：《风险投资、创新能力与公司IPO的市场表现》，《经济研究》，第10期。

[38] 张峥、欧阳珊，2012：《发行定价制度与IPO折价》，《经济科学》，第1期。

[39] 张峥、吴偎立、黄志勇，2013：《IPO的行业效应——从竞争和关注的角度》，《金融研究》，第9期。

[40] 赵静、黄敬昌、刘峰，2018：《高铁开通与股价崩盘风险》，《管理世界》，第1期。

[41] 郑建明、白霄、赵文耀，2018：《"制度绑定"还是"技术溢出"?——外资参股承销商与IPO定价效率》，《会计研究》，第6期。

[42] Aggarwal, R., Cao, J. and Chen, F., 2012, "Information Environment, Dividend Changes, and Signaling: Evidence from ADR Firms", *Contemporary Accounting Research*, 29(2): 403–431.

[43] Aghamolla, C. and Thakor, R. T., 2022, "IPO Peer Effects", *Journal of Financial Economics*, 144(1): 206–226.

[44] Aharony, J., Lee, C. J. and Wong, T. J., 2000, "Financial Packaging of IPO Firms in China", *Journal of Accounting Research*, 38(1): 103–126.

[45] Albring, S. M., Elder, R. J. and Zhou, J., 2007, "IPO Underpricing and Audit Quality Differentiation within Non-Big 5 Firms", *Interna-

tional Journal of Auditing, 11 (2): 115 –131.

[46] Allen, F. and Faulhaber, G. R., 1989, "Signalling by Underpricing in the IPO Market", *Journal of Financial Economics*, 23 (2): 303 –323.

[47] Aman, H., 2013, "An Analysis of the Impact of Media Coverage on Stock Price Crashes and Jumps: Evidence from Japan", *Pacific – Basin Finance Journal*, 24: 22 –38.

[48] An, H. H. and Chan, K. C., 2008, "Credit Ratings and IPO Pricing", *Journal of Corporate Finance*, 14 (5): 584 –595.

[49] Ang, J. S. and Brau, J. C., 2002, "Firm Transparency and the Costs of Going Public", *Journal of Financial Research*, 25 (1): 1 –17.

[50] Antweiler, W. and Frank, M. Z., 2004, "Is All that Talk Just Noise? The Information Content of Internet Stock Message Boards", *The Journal of Finance*, 59 (3): 1259 –1294.

[51] Baker, M. and Wurgler, J., 2004, "A Catering Theory of Dividends", *The Journal of Finance*, 59 (3): 1125 –1165.

[52] Baron, D. P., 1982, "A Model of the Demand for Investment Banking Advising and Distribution Services for New Issues", *The Journal of Finance*, 37 (4): 955 –976.

[53] Beatty, R. P. and Ritter, J. R., 1986, "Investment Banking, Reputation, and the Underpricing of Initial Public Offerings", *Journal of Financial Economics*, 15 (1): 213 –232.

[54] Beck, P. J. and Maher, M. W., 1989, "Competition, Regulation and Bribery", *Managerial and Decision Economics*, 10 (1): 1 –12.

[55] Becker, G. S. and Murphy, K. M., 1993, "A Simple Theory of Advertising as a Good or Bad", *The Quarterly Journal of Economics*, 108 (4): 941 –964.

[56] Bennedsen, M., Feldmann, S. E. and Lassen, D. D., 2011, "Lobbying and Bribes: A Survey–Based Analysis of the Demand for Influence and Corruption", SSRN Working Paper.

[57] Benveniste, L. M. and Spindt, P. A., 1989, "How Investment Bankers Determine the Offer Price and Allocation of New Issues", *Journal of Financial Economics*, 24 (2): 343–361.

[58] Benveniste, L. M., Ljungqvist, A., Wilhelm Jr., W. J. and Yu, X., 2003, "Evidence of Information Spillovers in the Production of Investment Banking Services", *The Journal of Finance*, 58 (2): 577–608.

[59] Bernile, G., Kumar, A. and Sulaeman, J., 2015, "Home Away from Home: Geography of Information and Local Investors", *The Review of Financial Studies*, 28 (7): 2009–2049.

[60] Bhattacharya, S., 1979, "Imperfect Information, Dividend Policy, and "the Bird in the Hand" Fallacy", *The Bell Journal of Economics*, 10 (1): 259–270.

[61] Bhattacharya, U., Galpin, N., Ray, R. and Yu, X., 2009, "The Role of the Media in the Internet IPO Bubble", *Journal of Financial and Quantitative Analysis*, 44 (3): 657–682.

[62] Bodnaruk, A., 2009, "Proximity Always Matters: Local Bias When the Set of Local Companies Changes", *Review of Finance*, 13 (4): 629–656.

[63] Bonacchi, M., Marra, A. and Zarowin, P., 2019, "Organizational Structure and Earnings Quality of Private and Public Firms", *Review of Accounting Studies*, 24 (3): 1066–1113.

[64] Booth, J. R. and Smith, R. L., 1986, "Capital Raising, Underwriting and the Certification Hypothesis", *Journal of Financial Economics*, 15

(1): 261-281.

[65] Bradley, D. J., Jordan, B. D., Yi, H. and Roten, I. C., 2001, "Venture Capital and IPO Lockup Expiration: An Empirical Analysis", *Journal of Financial Research*, 24 (4): 465-493.

[66] Braun, M. and Larrain, B., 2009, "Do IPOs Affect the Prices of Other Stocks? Evidence from Emerging Markets", *The Review of Financial Studies*, 22 (4): 1505-1544.

[67] Brav, A. and Gompers, P. A., 1997, "Myth or Reality? The Long-Run Underperformance of Initial Public Offerings: Evidence from Venture and Nonventure Capital-Backed Companies", *The Journal of Finance*, 52 (5): 1791-1821.

[68] Bruynseels, L. and Cardinaels, E., 2014, "The Audit Committee: Management Watchdog or Personal Friend of the CEO?", *The Accounting Review*, 89 (1): 113-145.

[69] Bulan, L., Subramanian, N. and Tanlu, L., 2007, "On the Timing of Dividend Initiations", *Financial Management*, 36 (4): 31-65.

[70] Bushee, B. J., Core, J. E., Guay, W. and Hamm, S., 2010, "The Role of the Business Press as an Information Intermediary", *Journal of Accounting Research*, 48 (1): 1-19.

[71] Butler, A. W., Fauver, L., Spyridopoulos, I., 2019, "Local Economic Spillover Effects of Stock Market Listings", *Journal of Financial & Quantitative Analysis*, 54 (3): 1025-1050.

[72] Cai, Y. and Sevilir, M., 2012, "Board Connections and M&A Transactions", *Journal of Financial Economics*, 103 (2): 327-349.

[73] Chan, K., Wang, J. and Wei, K. C. J., 2004, "Underpricing and Long-Term Performance of IPOs in China", *Journal of Corporate Fi-

nance, 10 (3): 409 – 430.

[74] Charest, G., 1978, "Dividend Information, Stock Returns and Market efficiency – II", *Journal of Financial Economics*, 6 (2): 297 – 330.

[75] Chemmanur, T. J. and Fulghieri, P., 1997, "Why Include Warrants in New Equity Issues? A Theory of Unit IPOs", *Journal of Financial and Quantitative Analysis*, 32 (1): 1 – 24.

[76] Chemmanur, T. J., He, S. and Nandy, D. K., 2010, "The Going – Public Decision and the Product Market", *The Review of Financial Studies*, 23 (5): 1855 – 1908.

[77] Chen, D., Guan, Y., Zhang, T. and Zhao, G., 2017, "Political Connection of Financial Intermediaries: Evidence from China's IPO Market", *Journal of Banking & Finance*, 76: 15 – 31.

[78] Chen, D., Ma, Y., Martin, X. and Michaely, R., 2022, "On the Fast Track: Information Acquisition Costs and Information Production", *Journal of Financial Economics*, 143 (2): 794 – 823.

[79] Chen, Y., Goyal, A., Veeraraghavan, M. and Zolotoy, L., 2020, "Media Coverage and IPO Pricing Around the World", *Journal of Financial and Quantitative Analysis*, 55 (5): 1515 – 1553.

[80] Chen, Y., Wang, S. S., Li, W., Sun, Q. and Tong, W. H. S., 2015, "Institutional Environment, Firm Ownership, and IPO First – Day Returns: Evidence from China", *Journal of Corporate Finance*, 32: 150 – 168.

[81] Cheung, Y., Rau, P. R. and Stouraitis, A., 2020, "What Determines the Return to Bribery? Evidence from Corruption Cases Worldwide", *Management Science*, 67 (10): 6235 – 6265.

[82] Chung, K. H., Li, M. and Yu, L., 2005, "Assets in Place,

Growth Opportunities, and IPO Returns", *Financial Management*, 34 (3): 65 - 88.

[83] Chung, R., Firth, M. and Kim, J., 2002, "Institutional Monitoring and Opportunistic Earnings Management", *Journal of Corporate Finance*, 8 (1): 29 - 48.

[84] Cohen, L., Frazzini, A. and Malloy, C., 2010, "Sell - Side School Ties", *The Journal of Finance*, 65 (4): 1409 - 1437.

[85] Cook, D. O., Kieschnick, R. and Van Ness, R. A., 2006, "On the Marketing of IPOs", *Journal of Financial Economics*, 82 (1): 35 - 61.

[86] Cornelli, F., Goldreich, D. and Ljungqvist, A., 2006, "Investor Sentiment and Pre - IPO Markets", *The Journal of Finance*, 61 (3): 1187 - 1216.

[87] Coval, J. D. and Moskowitz, T. J., 1999, "Home Bias at Home: Local Equity Preference in Domestic Portfolios", *The Journal of Finance*, 54 (6): 2045 - 2073.

[88] Coval, J. D. and Moskowitz, T. J., 2001, "The Geography of Investment: Informed Trading and Asset Prices", *Journal of Political Economy*, 109 (4): 811 - 841.

[89] Deangelo, H., Deangelo, L. and Skinner, D. J., 2004, "Are Dividends Disappearing? Dividend Concentration and the Consolidation of Earnings", *Journal of Financial Economics*, 72 (3): 425 - 456.

[90] Dechow, P. M., Sloan, R. G. and Hutton, A. P., 1995, "Detecting Earnings Management", *The Accounting Review*, 70 (2): 193 - 225.

[91] Degeorge, F., Derrien, F. and Womack, K. L., 2010, "Auctioned IPOs: The US Evidence", *Journal of Financial Economics*, 98 (2): 177 - 194.

[92] Derrien, F., 2005, "IPO Pricing in "Hot" Market Conditions: Who Leaves Money on the Table?", *The Journal of Finance*, 60 (1): 487 – 521.

[93] Dewenter, K. L. and Warther, V. A., 1998, "Dividends, Asymmetric Information, and Agency Conflicts: Evidence from a Comparison of the Dividend Policies of Japanese and U. S. Firms", *The Journal of Finance*, 53 (3): 879 – 904.

[94] Di Giuli, A. and Laux, P. A., 2021, "The Effect of Media – Linked Directors on Financing and External Governance", *Journal of Financial Economics*, 145 (2): 103 – 131.

[95] Dorn, D., 2009, "Does Sentiment Drive the Retail Demand for IPOs?", *Journal of Financial and Quantitative Analysis*, 44 (1): 85 – 108.

[96] Du, X., Yin, J., Han, J. and Lin, Q., 2020, "The Price of Sinful Behavior Window Dressing: Cultural Embeddedness on Cigarette Packages and Financial Reporting Quality", *Journal of Accounting and Public Policy*: 106776.

[97] Easterbrook, F. H., 1984, "Two Agency – Cost Explanations of Dividends", *American Economic Review*, 74 (4): 650 – 659.

[98] Ely, K. M. and Mande, V., 1996, "The Interdependent Use of Earnings and Dividends in Financial Analysts' Earnings Forecasts", *Contemporary Accounting Research*, 13 (2): 435 – 456.

[99] Engelberg, J., Gao, P. J. and Parsons, C. A., 2012, "Friends with Money", *Journal of Financial Economics*, 103 (1): 169 – 188.

[100] Ewens, M. and Farre – Mensa, J., 2020, "The Deregulation of the Private Equity Markets and the Decline in IPOs", *The Review of Financial Studies*, 33 (12): 5463 – 5509.

［101］Faleye, O., Kovacs, T. and Venkateswaran, A., 2014, "Do Better – Connected CEOs Innovate More?", *Journal of Financial and Quantitative Analysis*, 49（5–6）：1201–1225.

［102］Fang, L. and Peress, J., 2009, "Media Coverage and the Cross – Section of Stock Returns", *The Journal of Finance*, 64（5）：2023–2052.

［103］Farrar, D. E. and Selwyn, L. L., 1967, "Taxes, Corporate Financial Policy and Return to Investors", *National Tax Journal*, 20（4）：444–454.

［104］Ferris, S. P., Houston, R. and Javakhadze, D., 2016, "Friends in the Right Places: The Effect of Political Connections on Corporate Merger Activity", *Journal of Corporate Finance*, 41：81–102.

［105］Fogel, K., Jandik, T. and Mccumber, W. R., 2018, "CFO Social Capital and Private Debt", *Journal of Corporate Finance*, 52：28–52.

［106］Gao, S., Meng, Q. and Chan, K. C., 2016, "IPO Pricing: Do Institutional and Retail Investor Sentiments Differ?", *Economics Letters*, 148：115–117.

［107］Gao, X., Ritter, J. R. and Zhu, Z., 2013, "Where Have All the IPOs Gone?", *Journal of Financial and Quantitative Analysis*, 48（6）：1663–1692.

［108］Garmaise, M. J. and Moskowitz, T. J., 2004, "Confronting Information Asymmetries: Evidence from Real Estate Markets", *The Review of Financial Studies*, 17（2）：405–437.

［109］Gaspar, J. and Massa, M., 2007, "Local Ownership as Private Information: Evidence on the Monitoring – Liquidity Trade – Off", *Journal of Financial Economics*, 83（3）：751–792.

［110］Gentzkow, M. and Shapiro, J. M., 2006, "Media Bias and

Reputation", *Journal of Political Economy*, 114 (2): 280 –316.

[111] Goldman, E., Martel, J. and Schneemeier, J., 2021, "A Theory of Financial Media", *Journal of Financial Economics*, 145 (1): 239 – 258.

[112] Gordon, M. J., 1959, "Dividends, Earnings, and Stock Prices", *The Review of Economics and Statistics*, 41 (2): 99 –105.

[113] Grennan, J., 2019, "Dividend Payments as a Response to Peer Influence", *Journal of Financial Economics*, 131 (3): 549 –570.

[114] Grinblatt, M. and Hwang, C. Y., 1989, "Signalling and the Pricing of New Issues", *The Journal of Finance*, 44 (2): 393 –420.

[115] Grinblatt, M. and Keloharju, M., 2001, "How Distance, Language, and Culture Influence Stockholdings and Trades", *The Journal of Finance*, 56 (3): 1053 –1073.

[116] Gu, Z., Li, Z., Yang, Y. G. and Li, G., 2019, "Friends in Need are Friends Indeed: An Analysis of Social Ties between Financial Analysts and Mutual Fund Managers", *The Accounting Review*, 94 (1): 153 – 181.

[117] Gurun, U. G. and Butler, A. W., 2012, "Don't Believe the Hype: Local Media Slant, Local Advertising, and Firm Value", *The Journal of Finance*, 67 (2): 561 –598.

[118] Hand, J. R. M. and Landsman, W. R., 2005, "The Pricing of Dividends in Equity Valuation", *Journal of Business Finance & Accounting*, 32 (3 –4): 435 –469.

[119] Hanley, K. W., 1993, "The Underpricing of Initial Public Offerings and the Partial Adjustment Phenomenon", *Journal of Financial Economics*, 34 (2): 231 –250.

[120] He, X. J., Pittman, J. A., Rui, O. M. and Wu, D. H., 2017, "Do Social Ties between External Auditors and Audit Committee Members Affect Audit Quality?", *The Accounting Review*, 92 (5): 61 – 87.

[121] Heng, H. A. and Kam, C. C., 2008, "Credit Ratings and IPO Pricing", *Journal of Corporate Finance*, 14 (5): 584 – 595.

[122] Hope, O., Li, Y., Liu, Q. and Wu, H., 2021, "Newspaper Censorship in China: Evidence from Tunneling Scandals", *Management Science*, 67 (11): 6629 – 7289.

[123] Hossain, M. M. and Javakhadze, D., 2020, "Corporate Media Connections and Merger Outcomes", *Journal of Corporate Finance*, 65: 101736.

[124] Huang, Y., Yan, C. and Chan, K. C., 2021, "Does Aggressiveness Help? Evidence from IPO Corruption and Pricing in China", *Journal of Corporate Finance*, 67: 101901.

[125] Huberman, G., 2001, "Familiarity Breeds Investment", *The Review of Financial Studies*, 14 (3): 659 – 680.

[126] Ibbotson, R. G., 1975, "Price Performance of Common Stock New Issues", *Journal of Financial Economics*, 2 (3): 235 – 272.

[127] Ivković, Z. and Weisbenner, S., 2005, "Local Does as Local is: Information Content of the Geography of Individual Investors' Common Stock Investments", *The Journal of Finance*, 60 (1): 267 – 306.

[128] Javakhadze, D., Ferris, S. P. and Sen, N., 2014, "An International Analysis of Dividend Smoothing", *Journal of Corporate Finance*, 29: 200 – 220.

[129] Jegadeesh, N., Weinstein, M. and Welch, I., 1993, "An Empirical Investigation of IPO Returns and Subsequent Equity Offerings",

Journal of Financial Economics, 34 (2): 153 – 175.

[130] Jensen, G. R., Solberg, D. P. and Zorn, T. S., 1992, "Simultaneous Determination of Insider Ownership, Debt, and Dividend Policies", *Journal of Financial and Quantitative Analysis*, 27 (2): 247 – 263.

[131] Jensen, M. C., 1986, "Agency Costs of Free Cash Flow, Corporate Finance, and Takeovers", *American Economic Review*, 76 (2): 323 – 329.

[132] John, K. and Williams, J., 1985, "Dividends, Dilution, and Taxes: A Signalling Equilibrium", *The Journal of Finance*, 40 (4): 1053 – 1070.

[133] John, K., Knyazeva, A. and Knyazeva, D., 2011, "Does Geography Matter? Firm Location and Corporate Payout Policy", *Journal of Financial Economics*, 101 (3): 533 – 551.

[134] Jones, J. J., 1991, "Earnings Management During Import Relief Investigations", *Journal of Accounting Research*, 29 (2): 193 – 228.

[135] Kahneman, D. and Tversky, A., 1979, "Prospect Theory: An Analysis of Decisions under Risk", *Econometrica: Journal of the Econometric Society*, 47 (9): 263 – 291.

[136] Kao, J. L., Wu, D. and Yang, Z., 2009, "Regulations, Earnings Management, and post – IPO Performance: The Chinese Evidence", *Journal of Banking & Finance*, 33 (1): 63 – 76.

[137] Karolyi, S. A., 2018, "Personal Lending Relationships", *The Journal of Finance*, 73 (1): 5 – 49.

[138] Kenney, M., Patton, D. and Ritter, J. R., 2012, "Post – IPO Employment and Revenue Growth for US IPOs, June 1996 – 2010", SSRN Working Paper.

[139] Kothari, S. P., Leone, A. J. and Wasley, C. E., 2005, "Performance Matched Discretionary Accrual Measures", *Journal of Accounting and Economics*, 39 (1): 163 – 197.

[140] Kuhnen, C. M. and Niessen, A., 2012, "Public Opinion and Executive Compensation", *Management Science*, 58 (7): 1249 – 1272.

[141] Lerner, J., 1994, "Venture Capitalists and the Decision to Go Public", *Journal of Financial Economics*, 35 (3): 293 – 316.

[142] Li, R., 2013, "Media Corruption: A Chinese Characteristic", *Journal of Business Ethics*, 116 (2): 297 – 310.

[143] Li, Y., Shi, H. and Zhou, Y., 2021, "The Influence of the Media on Government Decisions: Evidence from IPOs in China", *Journal of Corporate Finance*, 70: 102056.

[144] Li, Y., Sun, Q. and Tian, S., 2018, "The Impact of IPO Approval on the Price of Existing Stocks: Evidence from China", *Journal of Corporate Finance*, 50: 109 – 127.

[145] Lin, H. L., Pukthuanthong, K. and Walker, T. J., 2013, "An International Look at the Lawsuit Avoidance Hypothesis of IPO Underpricing", *Journal of Corporate Finance*, 19: 56 – 77.

[146] Litzenberger, R. H. and Ramaswamy, K., 1979, "The Effect of Personal Taxes and Dividends on Capital Asset Prices: Theory and Empirical Evidence", *Journal of Financial Economics*, 7 (2): 163 – 195.

[147] Liu, Q., Tang, J. and Tian, G. G., 2013, "Does Political Capital Create Value in the IPO Market? Evidence from China", *Journal of Corporate Finance*, 23: 395 – 413.

[148] Ljungqvist, A., Nanda, V. and Singh, R., 2006, "Hot Markets, Investor Sentiment, and IPO Pricing", *The Journal of Business*, 79

(4): 1667 – 1702.

[149] Loughran, T. and Ritter, J. R., 2002, "Why Don't Issuers Get Upset about Leaving Money on the Table in IPOs?", *The Review of Financial Studies*, 15 (2): 413 – 444.

[150] Loughran, T. and Schultz, P., 2005, "Liquidity: Urban Versus Rural Firms", *Journal of Financial Economics*, 78 (2): 341 – 374.

[151] Lowry, M. and Schwert, G. W., 2002, "IPO Market Cycles: Bubbles or Sequential Learning?", *The Journal of Finance*, 57 (3): 1171 – 1200.

[152] Lowry, M., 2003, "Why Does IPO Volume Fluctuate so Much?", *Journal of Financial Economics*, 67 (1): 3 – 40.

[153] Martin, J. and Zeckhauser, R. J., 2011, "The Pre – IPO Dividend Puzzle", *University of Amsterdam and Harvard University Working Paper*.

[154] Massa, M. and Simonov, A., 2006, "Hedging, Familiarity and Portfolio Choice", *The Review of Financial Studies*, 19 (2): 633 – 685.

[155] Mcpherson, M. and Cook, S. L. M., 2001, "Birds of a Feather: Homophily in Social Networks", *Annual Review of Sociology*, 27 (1): 415 – 444.

[156] Meulbroek, L. K., 1992, "An Empirical Analysis of Illegal Insider Trading", *The Journal of Finance*, 47 (5): 1661 – 1699.

[157] Michaely, R., Thaler, R. H. and Womack, K. L., 1995, "Price Reactions to Dividend Initiations and Omissions: Overreaction or Drift?", *The Journal of Finance*, 50 (2): 573 – 608.

[158] Miller, G. S., 2006, "The Press as a Watchdog for Accounting Fraud", *Journal of Accounting Research*, 44 (5): 1001 – 1033.

[159] Miller, M. and Modigliani, F., 1961, "Dividend Policy,

Growth, and the Valuation of Shares", *The Journal of Business*, 34 (4): 411 – 433.

［160］Miller, M. H. and Rock, K. , 1985, "Dividend Policy Under Asymmetric Information", *The Journal of Finance*, 40 (4): 1031 – 1051.

［161］Modigliani, F. and Miller, M. H. , 1958, "The Cost of Capital Corporation Finance and the Theory of Investment", *American Economic Review*, 48 (3): 261 – 297.

［162］Nielsson, U. and Wójcik, D. , 2016, "Proximity and IPO Underpricing", *Journal of Corporate Finance*, 38: 92 – 105.

［163］O'Brien, P. C. and Tan, H. , 2015, "Geographic Proximity and Analyst Coverage Decisions: Evidence from IPOs", *Journal of Accounting and Economics*, 59 (1): 41 – 59.

［164］Officer, M. S. , 2011, "Overinvestment, Corporate Governance, and Dividend Initiations", *Journal of Corporate Finance*, 17 (3): 710 – 724.

［165］Ohlson, J. A. , 2001, "Earnings, Book Values, and Dividends in Equity Valuation: An Empirical Perspective", *Contemporary Accounting Research*, 18 (1): 107 – 120.

［166］Ozmel, U. , Trombley, T. E. and Yavuz, M. D. , 2018, "Outside Insiders: Does Access to Information Prior to an IPO Generate a Trading Advantage After the IPO?", *Journal of Financial and Quantitative Analysis*: 54 (1): 303 – 334.

［167］Pagano, M. , Panetta, F. and Zingales, L. , 1998, "Why Do Companies Go Public? An Empirical Analysis", *The Journal of Finance*, 53 (1): 27 – 64.

［168］Peng, X. , Wang, X. and Chan, K. C. , 2019, "Does Customer Concentration Disclosure Affect IPO Pricing?", *Finance Research Letters*,

28: 363 – 369.

[169] Piotroski, J. D., Wong, T. J. and Zhang, T. Y., 2017, "Political Bias in Corporate News: The Role of Conglomeration Reform in China", *Journal of Law and Economics*, 60 (1): 173 – 207.

[170] Pollock, T. G. and Rindova, V. P., 2003, "Media Legitimation Effects in the Market for Initial Public Offerings", *The Academy of Management Journal*, 46 (5): 631 – 642.

[171] Purnanandam, A. K. and Swaminathan, B., 2004, "Are IPOs Really Underpriced?", *The Review of Financial Studies*, 17 (3): 811 – 848.

[172] Reuter, J. and Zitzewitz, E., 2006, "Do Ads Influence Editors? Advertising and Bias in the Financial Media", *The Quarterly Journal of Economics*, 121 (1): 197 – 227.

[173] Ritter, J. R. and Welch, I., 2002, "A Review of IPO Activity, Pricing, and Allocations", *The Journal of Finance*, 57 (4): 1795 – 1828.

[174] Rock, K., 1986, "Why New Issues are Underpriced", *Journal of Financial Economics*, 15 (1): 187 – 212.

[175] Roychowdhury, S., 2006, "Earnings Management through Real Activities Manipulation", *Journal of Accounting and Economics*, 42 (3): 335 – 370.

[176] Ru, Y., Xue, J., Zhang, Y. and Zhou, X., 2020, "Social Connections Between Media and Firm Executives and the Properties of Media Reporting", *Review of Accounting Studies*, 25 (3): 963 – 1001.

[177] Rydqvist, K., 1997, "IPO Underpricing as Tax – Efficient Compensation", *Journal of Banking & Finance*, 21 (3): 295 – 313.

[178] Scheinkman, J. A. and Xiong, W., 2003, "Overconfidence and Speculative Bubbles", *Journal of Political Economy*, 111 (6): 1183 – 1220.

[179] Shi, S., Sun, Q. and Zhang, X., 2018, "Do IPOs Affect Market Price? Evidence from China", *Journal of Financial and Quantitative Analysis*, 53 (3): 1391 – 1416.

[180] Shleifer, A. and Vishny, R. W., 1993, "Corruption", *The Quarterly Journal of Economics*, 108 (3): 599 – 617.

[181] Su, D., 2004, "Adverse – Selection Versus Signaling: Evidence from the Pricing of Chinese IPOs", *Journal of Economics and Business*, 56 (1): 1 – 19.

[182] Svensson, J., 2003, "Who Must Pay Bribes and How Much? Evidence from a Cross Section of Firms", *The Quarterly Journal of Economics*, 118 (1): 207 – 230.

[183] Tian, L., 2011, "Regulatory Underpricing: Determinants of Chinese Extreme IPO Returns", *Journal of Empirical Finance*, 18 (1): 78 – 90.

[184] Titman, S. and Trueman, B., 1986, "Information Quality and the Valuation of New Issues", *Journal of Accounting and Economics*, 8 (2): 159 – 172.

[185] Tu, G., Lin, B. and Liu, F., 2013, "Political Connections and Privatization: Evidence from China", *Journal of Accounting and Public Policy*, 32 (2): 114 – 135.

[186] Velury, U. and Jenkins, D. S., 2006, "Institutional Ownership and the Quality of Earnings", *Journal of Business Research*, 59 (9): 1043 – 1051.

[187] Walter, J. E., 1963, "Dividend Policy: Its Influence on the Value of the Enterprise", *The Journal of Finance*, 18 (2): 280 – 291.

[188] Wang, Z., Su, B., Coakley, J. and Shen, Z., 2018, "Prospect Theory and IPO Returns in China", *Journal of Corporate Finance*,

48: 726 – 751.

[189] Welch, I., 1989, "Seasoned Offerings, Imitation Costs, and the Underpricing of Initial Public Offerings", *The Journal of Finance*, 44 (2): 421 – 449.

[190] Yan, C. and Wang, J., 2021, "The Pricing and Performance of IPOs in China's Poor Counties", *China Journal of Accounting Research*, 14 (4): 100205.

[191] Yang, B., Chou, H. and Zhao, J., 2020, "Innovation or Dividend Payout: Evidence from China", *International Review of Economics & Finance*, 68: 180 – 203.

[192] You, J., Zhang, B. and Zhang, L., 2018, "Who Captures the Power of the Pen?", *The Review of Financial Studies*, 31 (1): 43 – 96.

[193] Zeume, S., 2017, "Bribes and Firm Value", *The Review of Financial Studies*, 30 (5): 1457 – 1489.

[194] Zhang, X., Gao, K., Chan, K. C. and Zhuo, R., 2021, "Does Childhood Famine Experience Matter in IPO Discount? Evidence from the Great Chinese Famine", *Finance Research Letters*, 39: 101582.

[195] Zhu, H., Zhang, C., Li, H. and Chen, S., 2015, "Information Environment, Market – Wide Sentiment and IPO Initial Returns: Evidence from Analyst Forecasts Before Listing", *China Journal of Accounting Research*, 8 (3): 193 – 211.